田宮陽子

運命の人

あなたに「愛の奇跡」を起こす本

田宮陽子

True Love
A miracle will happen to you!

マキノ出版

愛あるステキなあなたへ

はじめに

Introduction

この本を読んでいるあなたは、これから「運命の人」という、人生において最も謎に満ちた大切なテーマを学ぶことになるかもしれません。

「運命の人」というのは「人生のパートナー」となる人です。

そして、あなたの「仕事」や「ライフワーク」において、共に助けあい、響きあい、わかちあいながら魂を向上させていく「ビジネスパートナー」になる人かもしれません。

とにかく、あなたが生まれる前から「今生《こんじょう》（今回の人生）でこの人に逢うと決めていた！」という人。いわゆる「ソウルメイト」のような存在の人とあなたは出逢っていくことになるでしょう（※すでに出逢っている人はその関係を深めていく「深め愛」の時期に突入していくことでしょう）。

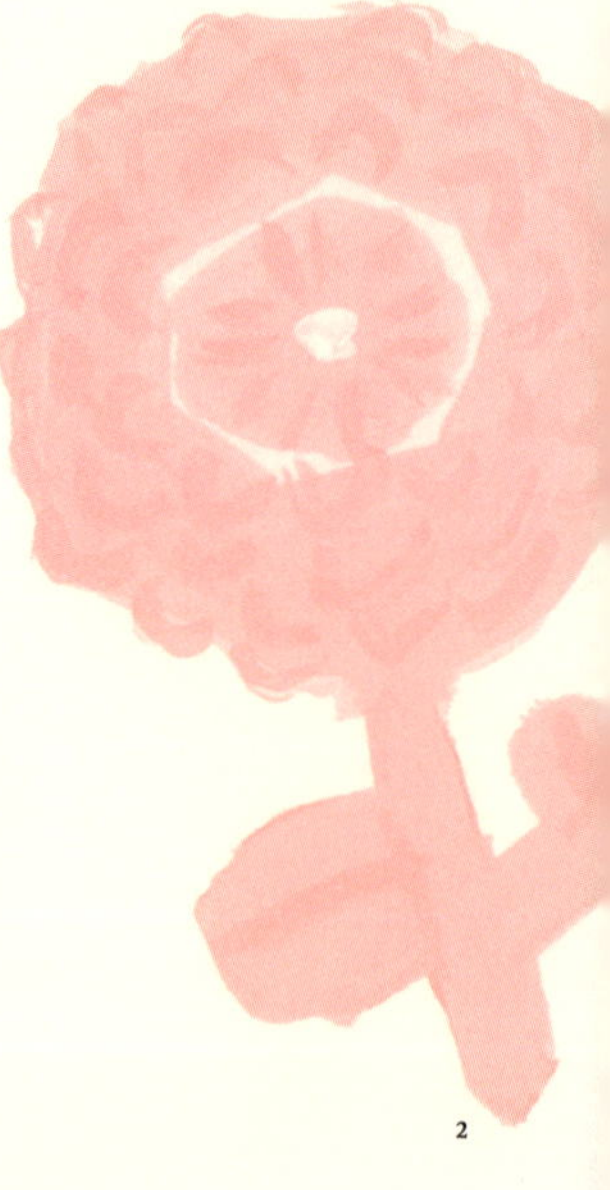

あなたは「運命の人」と出逢うことで、かつてないほどパワフルになり、運気が勢いよく上昇していきます。

いままで時間がかかっていたことがスピーディに回り出し、いままでどうしても完成しなかったパズルのピースがピタリとうまることでしょう。

ひとりではどうしてもできなかったことを「運命の人」はあなたを上手にサポートしながら完成させてくれるのです。

「運命の人」を愛し、愛されることで、あなたの心の奥底にある「愛に関する傷」も、癒す方向へ導かれて行きます。

いままであなたは「ひとり」で生きてきた感覚があるかもしれません。

ひとりで試行錯誤し、自分に起きた問題をなんとか乗り越えようとしてきたことでしょう。どうしたらいいかわからなくて誰にもいえず泣いたことがあったかもしれません。

そんなあなたの「最高の味方」となるのが「運命の人」です。

いままで一生懸命生きてきたあなたに宇宙が贈ってくれる「ごほうび」。

そう、「人生最大のプレゼント」があなたにもたらされることになるのです。

どうか、その「奇跡の瞬間」が近づいていることを信じていてくださいね。


実はこの本を手にした瞬間から、あなたの心には「革命」が起きていきます。

普通に日常生活を送っていても、あなたの心の水面下では「幸せなパートナーシップを作る流れ」が始まっているのです。

なんだかワクワク、ドキドキしてきましたよね。あなたの高鳴るハートの音が聞こえてくるようです。

さあ、いよいよ「運命の人」について知る旅がここから始まります！

田宮陽子　運命の人

目次

contents

第2章

「運命の人」に逢っていない人の心には「ブロック」がある！

「ブロック」をはずした人から「運命の人」に出逢っている！ 49

第3章 どうすれば「運命の人」に出逢えるの？

あなたがやるべき「ナイショのワーク」

第4章 「運命の人」を知らせる宇宙のサイン

第5章

「運命の人」に出逢うと起こる奇跡

「運命の人」と一緒に最高の人生をつくりあげるコツ

第 1 章 *chapter 1*

「運命の人」ってなあに？

「この人が運命の人だ！」10年前に感じた不思議な直感

２０１７年の年末から２０１８年のはじまりにかけて、私にとって「信じられないような出来事」が起こりました。

ズバリいうと「運命の人」と出逢ったのです。

その人は私が10年前から知っている人でした。

１年のうち２〜３回、仕事の現場でちょくちょく顔を見かけたり、すれ違ったり、軽く挨拶をしたり…。

思い返してみると、人の口を通じて、その人にまつわる情報が、何度も何度も入ってきていました。

しかし、まさかその人が私の「運命の人」になるとは、そのときまで思ってもみませんでした。

いいえ、厳密にいうと、実は私は「その人の存在」を知ったとき、感じたことのないようなエネルギーを受けて、手紙を出したことがあるのです。

当時、私はある雑誌の編集者をしていたのですが、もっと良い企画が作りたくて、ライバル誌を買っては読み、企画の作り方や、記事の書き方を勉強していました。

そして『ゆほびか』という雑誌を買って読んだ時に、私はハッとしたのです。

「この特集企画は、まるで私（自分）が作ったものみたいだ！」と…。

なんていったらよいのでしょうか…。

その記事の書き方や言葉遣い、めざす方向性や感性が「私にそっくり」だと思ったのです。

ネットのコメント欄などで「はげしく同意」という表現がありますが、まさにそれでした。

その記事を編集したクレジット（作った人の名前が書いてある欄）のところには「西田《にしだ》普《あまね》」という名前がありました。

「この人は私の同志だ！」

まだ逢ったこともないその人に対して、私の魂は踊るように興奮したのを覚えています。

そして、私は自分の気持ちをおさえられなくなり、その「西田普さん」に手紙を書いて送ってしまったのです。

手紙の内容は
「私はあなたと同じく雑誌の編集者をしているものです」

「あなたの記事にとても感銘を受け、そのことをどうしても伝えたくて手紙を書きました」

というような内容だったと思います。

私はよく知らない人に、たやすく手紙を書くような性格ではありません。

しかし、このときばかりは「自分の『激しく同意！』という思いを知ってほしい」という気持ちがおさえられませんでした。

そして、ひょっとすると、ちょっぴり期待していたのかもしれません。

「西田さんも、私のことを知ったら、きっと喜んで特別なものを感じるんじゃないかしら？」

「『それじゃあ、お食事でもしましょうか』というふうに、話が盛りあがったらいいな……」。

しかし、そんな私の予想とはうらはらに、そのとき西田さんからは、私の期待したような返事は返ってきませんでした。

1週間後に、西田さんから返事は返ってきたのですが、それはとてもあっさりとしたビジネスライクな返事でした。

「僕が編集した企画に興味を持っていただいてありがとうございます。これからもお互い、健康誌の編集者として、学びあいながら切磋琢磨《せっさたくま》していきましょう」

…というような内容だったと思います。

しかも「見本誌」といって、最新号の『ゆほびか』が手紙と共に大きな封筒に入って送られてきました。

これは編集者が「仕事相手」によくするビジネスマナーのひとつであって、これには正直、私はガクッときました。

「私のことは、仕事仲間としか思っていないのね…」。

それが第一印象だったと思います。

私はそのときは知りませんでしたが、当時、彼には結婚されているパートナーがいて、5人のお子さんもいらっしゃったのです。

私はそのことを、もう少し後になってから「風のたより」で知りました。

「ああ、今生（今回の人生）は、この人とパートナーになることはないんだな…。

そうなのだとしたら、私があのとき感じた、魂が激しく喜び踊るような、胸の高まるような感覚はなんだったんだろう…。

私の直感はまちがっていたのかな」

しかし、それから10年後、私の直感はまちがいではなかったという出来事が起きたのです。

私はこの出来事から学びました。

「運命の人と出逢っていても、すぐに結ばれるわけではない」ということを……。

お互い魂を成長させて、両方の「運命の準備」が整ったときに、いきなり「その流れ」は動き出す。

そう、あなたもすでに「運命の人」と出逢っているのかもしれないのです。

愛の奇跡を起こす法則 1

お互い魂を成長させて、両方の「運命の準備」が整ったときに「その流れ」は動き出す！

「運命の人」って、どんな相手なの？

これから、あなたは「あなたの運命にインプットされた出逢い」を迎えることになるかもしれません。

これはスペシャルな「出逢い」（前世からの再会）となります。

「あの人は、私の『運命の人』だと思うの」

あなたがそう思ったりそのことを人に言ったりするとき、「あの人は私にとって『特別な人』なんだ！」という確信を持っているからでしょう。

その人とかかわることによって自分はなにかが変わりそうな気がする。

自分の中の「ウイークポイント」（弱点）を克服できそうな気がする。

自分の中に眠っている「魅力」や「才能」があるのだとしたら、その人とかかわることによってそれが引き出されそうな気がする。

だからこそ、あなたは「あの人は『運命の人』なんだ！」と思っているんですよね。

いわゆる「運命の人」には、さまざまな「肩書き」があります。

例えば「ツインソウル」という言いかたをする人もいます。

「魂のかたわれ」、「赤い糸の相手」などともいわれます。

テレビドラマや恋愛映画を見ていると「運命の人」にまつわるストーリーが非常に多いのです。

「運命の人」の出逢いや、結末を描くことで大きく盛り上がるストーリーとなっており、たくさんの人がこのことに関心を持っているのを伺えます。

私がこの本で「運命の人」と名付けたいのは、あなたにとってこんなお相手となる人です。

「運命の人」の特徴

1 前世で何度も何度も出逢っている相手

2 生まれる前に出逢うことを決めてきた、あなたの人生の流れにスケジューリングされている相手

3 その人と出逢うことによって、あなたの中で眠っていた「使命」（お役割）にスイッチが入る

4 その人と出逢うことによって、あなたが抱えていた問題が、次々と解決（解消）していく

5 その人と出逢い、学びあうことによって「人間的バランス」が整う

6 その人と出逢い、学びあうことによって、あなたの魂が磨かれ大きく成長する

あなたの「運命の人」は「魂の同志」ともいえるでしょう。

あなたの魂を大きく成長させてくれる相手。

あなたと一緒にさまざまな思いをわかちあい、物理的にも助けあいながら「新しいステージ」を作り上げていく相手。


言ってみれば「魂の響きあいができる相手」。

これがこの本でいう「運命の人」だと私は思っています。

愛の奇跡を起こす法則2

「運命の人」は「魂の響きあい」ができる相手!

「運命の人」と出逢うことであなたに「みちがえるような変化」が起きてくる！

「運命の人」と一緒にいることで、外見、内面などあなたにさまざまな変化が起きてきます。

多くの人に起こるのが「顔つきが変わってくる」。

さびしそうな暗い影がなくなったり、どこか「人の陰にかくれようとした感じ」だったのがパーッと開花したように明るい顔になったり…。

その人が部屋に入ってきただけで周りが明るく照らされるような、いわゆる「輝いている」という状態になります。

顔かたちが変わったわけではないのに、周りの人がうっとり見とれるほどイキイキしたエネルギーを放つ「男前」or「美人」に変わった。

いわゆる「福相」「徳のある顔」というものに変わることがあるのです。

これも「運命の人」と出逢ったことによって、魂が急激に覚醒《かくせい》し、「幸運のエネルギー」にあふれてきた証拠だといえるでしょう。

before　2017年2月

after　2018年8月

ちなみに私のパートナーの西田さんも「顔つき」がガラッと変わりました。

写真をご覧の通り、今では本人も、過去の写真を見て「うお〜、おじいちゃんみたいだなあ…」なんて言っているほどです。周りの人からも褒めていただく機会が増えたようですが、私が見ても10歳以上は若返っていると思います。

このくらい「宇宙整形レベル」(!?)で「顔つき」が変わってしまうこともあるのです。

そして「運命の人」と一緒にいることで、あなたの交友関係や視野はみちがえるほど広がっていきます。

「運命の人」と一緒にいることで日々「必要な気づき」が起こり、あなたの中で眠っていた「魅力」や「才能」が大きく花開いていくことになるでしょう。

また「運命の人」と一緒にいることで、あなたの中に「強烈な癒し」が起こり、過去の傷が浄化されて、むしろそのことがパワーや原動力となっていきます。

そういう数々の「魂の響きあい」が「運命の人」と出逢うことによってあなたにもたらされていくことになるのです。

愛の奇跡を起こす法則 3

「運命の人」と出逢うと外見、内面に大きな変化が起こる！

「運命の人」と出逢うと「シンクロニシティ」が連続して起こる！

あなたは気になる異性と出逢ったときに「この人って、私の運命の人？　それとも自分のほうが夢中になって勝手にそう思っているのかしら？」っていう疑問が湧いてくることがあるかもしれません。

「あっ、この人、ご縁が深い人だな」という人と出逢うと、「自分（と相手）にしかわからない合図」みたいなものが立て続けに起こるようになります。

要は「シンクロニシティ」（意味ある偶然の一致）が連続して起こるようになるのです。そうなると周囲のやること、なすことすべてが「二人を（なるべく早く）結びつけようとしている」としか思えない「流れ」がはじまります。

いっけんネガティブなこともそうなのです。

例えば、家族の誰かが病気になったり、二人が結びつくことに対して反対してくるような人が出てきたとしても「だから早く一緒になって安心させてあげよう」「二人の仲をあいまいな形でなく、周囲にちゃんと公言しよう」というふうに、二人の結びつきを強くするための材料となってしまうことがあります。
「運命の人」と出逢ったときの「ハッピーフロー」のなかに、みんなが巻き込まれていく感じです。

愛の奇跡を起こす法則 4

「運命の人」と出逢うと周囲のやること、なすことが「二人を結び付けようとしている流れ」になる!

「運命の人」に出逢ったときに、どんな感覚になるの？

「運命の人」から受ける感覚ですが、例えば誰かと恋に落ちると、ドキドキとかワクワクとか「ものすごく刺激的」「緊張してなんにもしゃべれない」とか、いろんな感情があると思うんです。

でも「運命の人」と出逢うと生まれるのは、

「包み込まれるような満足感」
「絶対的な信頼感と安心感」
「ハンパじゃないわかりあえる感」

…こんな感覚が湧いてくると思います。

なぜなら二人の魂は今生《こんじょう》（今回の人生）で初めて出逢ったのではなく、前世でも、前々世でも、出逢ってきたのです。

だからこそ、出逢ったばかりなのに「長年連れ添ったパートナー」みたいな安心感や信頼感を感じるのでしょう。


もちろん男女としての魅力はお互いに感じます。

けれども、「運命の人」の場合は「魂の結びつき」が強く、ゆるぎない絆のようなものが確立されています。

だから、相手の前でムリしてがんばったり、自分を飾る必要もないので、「なんだかものすっごくラク！」な感じ。

自然体でいられるし、それでいて「出逢えてホントによかったね！」っていうはしゃぎたくなるようなワクワク感もあります。


この感覚は、二人が一緒になることを宇宙も神さまも応援しているから。

「はい、それでいいんですよ！」

「ようやく気づきましたね！」

「やっと覚醒したね、おめでとう！」

「これからは二人で響きあい、助けあい、わかちあいながら使命を達成していってくださいよ！」

そんな「応援のエネルギー」を受けているからだと思うのです。

愛の奇跡を起こす法則 5

「運命の人」と出逢ったときに感じるのは「包み込まれるような安心感」！

逢ったばかりなのに「魂が通じ合う感覚」がある！

「運命の人」とは、不思議と、逢ったばかりであるにもかかわらず、魂が通じ合う感覚があります。

はじめて逢ったのに
「この人、知っている！」

「この人のそばにいるとすごくラクだなあ…」

「自然だし、ありのままの自分でいられる」

「はるか昔、どこかで出逢ってた？」

「なぜか、なつかしい…」

…そんな不思議な感覚がするのです。

また、なぜか相手のことをかばいたくなったり、「あの人はいい人なんだ！」ということを知ってもらいたくもなります。

私も、西田さんとまだそんなに親しくない時期に、編集者仲間や著者の先生から、西田さんの話題が出ると、

「あの人はすごくいい人なんですよね」

「あの人の仕事の仕方は、こういうところがとてもいいんです」

っていうことをなぜか熱く語っている自分がいました…(笑)。

自分でも「(逢ったばかりなのに) この感情っていったいなあに!?」と、とまどったりすることもあるでしょう。

しかし、考えてみると、そういう感情が湧いてくるのも自然なことなんです。

だって、前世や前々世でもその人と逢ってきているのですから。

「運命の二人」は生まれ変わるたびに出逢いながら、お互いのことを応援しあった

り、魂の成長を助けあったり、お互いの「傷」を癒しあってきた相手。

今生（今回の人生）ではじめて出逢っても、「過去世《かこせ》の記憶」があなたの魂には残っているんです。

それが「この人、知っている！」っていう感覚なんですよね。

愛の奇跡を起こす法則 6

「運命の人」と出逢うと「この人、知っている！」という不思議な感覚がする！

「運命の人」が作ったものに触れたとき「これはもうひとりの自分が作った！」という感覚になる

不思議なことに、「運命の人」と出逢ったときに感じる「この人、知っている！」という感覚は、相手にまだ逢っていなくても、「運命の人」の作った作品に触れたり、やっている活動をテレビやインターネットで見かけたり、書いた文章を読んだだけでピン！　とくることがあります。

実は私にも、そういうことがありました。

先ほどちょっと書きましたが、以前、私は雑誌の編集者をしていたので、「いろいろな雑誌の企画を参考にして勉強しよう！」と思ったことがあります。そして、さまざまな雑誌を読みました。

どの雑誌の記事も「仕事の材料」として参考になったのですが、その中で一読しただけで「まったく別のエネルギー」を感じたものがありました。
その記事を読んだときに、魂が激しく踊るというか、「そうそうそうそう！」というような揺さぶられるような感覚になったのです。そしてそのクレジットを読んでみると「西田普」という名前があったのです。
「この企画はもうひとりの自分が作っている！」…そんな感覚になったのです。
とても「人の作品」と思えないというか、「まるで自分が作ったもの！」というように感じてしまったんですよね。

このように**「運命の人」が創作したものというのは、自分が表現したいことや目指しているものにとても近くて、自分の作品と同じ種類のエネルギーを放っているのです。**

相手と話したことがなくても、相手の考えていることがわかってしまったりするのです。

なぜなら**「運命の人」はあなたと恋人同士になったり夫婦になったりすると同時**

に、一緒に「同じ使命」を果たしていく「同志」でもあるのです。

あとで詳しく話しますが、「運命の人」とは「同じ使命のテーマ」を持って生まれてきていることが多いのです。

あなたも魂が揺さぶられるような作品や文章があったら、そこに「運命の人」のヒントがあるかもしれません。

その作品を作ったのが「運命の人」本人でなくても、その人の近くに「運命の人」がいることもあります。とにかく「尋常じゃない特殊なエネルギー」を感じるはずです。宇宙があなたに贈ってくるサインを大切にしましょう。

愛の奇跡を起こす法則 7

「運命の人」のサインとして、その人が作った作品や文章に触れたとき心が大きく揺さぶられる!

「いちばん学びあえる人」が身近に出てくる！

さて「運命の人」のことで知っておいていただきたいことがあります。

「運命の人」というのは自分と似ているところもありますが、「ここは正反対の性質だなあ…」と思えるところもあるはずです。

なぜ「運命の人」は、「正反対の性質」を持っているのでしょうか？

宇宙っていうのは「バランスをとりたがる」…そういう法則があるんですよね。

どういうことかというと、みなさんの周りにいる親子とか、カップルを見てみてください。

★「ネガティブなお母さん」に、「ポジティブな娘」

★「のんびりな彼氏」に、「せっかちな彼女」

★「エネルギッシュなお父さん」に、「うちにいるのが大好きなお母さん」

★「人付き合いが得意な女性」と、「職人気質な男性」

こんな感じで「正反対の性質の人」が、身近に存在していませんか？

宇宙は、バランスをとりたがっているのです。

「光」と「闇」のバランス。

「プラス」と「マイナス」のバランス。

「ポジティブ」と「ネガティブ」のバランス。

お互いが存在しているから、どっちも必要だから「バランスがいい組み合わせ」で成り立っているのです。

両者が一緒に過ごすことで、ときには反発しあったり、理解に苦しむこともあると思います。

でも、その時期を超えて、

「あなたは私と違うところを持っている。だからこそ、おもしろいし、ありがたい」

そう思えたときに、相手の存在を尊重し、認めあうことができる。

お互い助けあいながら「バランスのいい生き方」ができるんですよね。


だから、ポジティブなエネルギーが強い人のところに「どうしてこんなにネガティブなことを考える人が」という人が出てくることもある。

「せっかち」な人のところに「どうしてこんなにのんびり屋の人が」という人が出てくることもある。

そういうこともすべて宇宙が、あなたのバランスをとろうとしてくれているのかもしれません。

例えば、ポジティブな人って、どんどんポジティブが過剰になっていくと、いつも「いきりたっている感じ」で「癒しの部分」が欠落していたり、「ネガティブに考える人」のことを理解できずイヤがる傾向にあります。

それで、ネガティブな人が自分の周りに入ってくると、そのことをめんどうがった

田宮陽子　運命の人

ご購読ありがとうございます。今後の出版企画の参考にさせていただきますので、
お手数ですが下記の質問にお答えください。
7289

1.この本を何でお知りになりましたか？

a. 新聞で（朝日・読売・毎日・産経・日経・その他［　　　　　］）
b. 雑誌で（『ゆほびか』・『ゆほびかGOLD』・『壮快』・『安心』）
c. 店頭で実物を見て　　d. 人に勧められて
e. その他［　　　　　］

2.お買い求めの動機をお聞かせください。

a. タイトルにひかれて　　b. 著者にひかれて
c. テーマに興味があって　　d. デザイン・写真・イラストにひかれて
e. 広告や書評にひかれて　　f. その他［　　　　　］

3.お読みになりたい著者、テーマなどをお聞かせください。

4.定期的にお読みになっている新聞や雑誌をお聞かせください。

5.本書についてご意見、ご感想をお聞かせください。

アンケートにご協力いただき、ありがとうございました。
※あなたのご意見・ご感想を本書の新聞・雑誌広告などで
1. 掲載してもよい　　2. 掲載しては困る　　3. 匿名ならよい

料金受取人払郵便

本郷局承認

3176

差出有効期限
2021年
2月28日まで

(切手ははらずに
ご投函ください)

郵便はがき

113-8765

東京都文京区湯島2−31−8
マキノ出版本社ビル2F

マキノ出版
ゆほびか編集部
『田宮陽子　運命の人』係行

(〒　　－　　)

ご住所　　　　　　　　　　tel.

ふりがな

お名前

Eメールアドレス　　　　　@

年齢　　　歳　　□男　□女　　□既婚　□未婚

ご職業
1. 小・中・高校生　2. 専門学校生　3. 大学生・院生
4. 会社員　5. 公務員　6. 会社役員　7. 教職員　8. 自営業
9. パート・アルバイト　10. フリーター　11. 主婦　12. 無職
13. その他(　　　　　　　　　　)

り、その人を排除しようとすることがあるかもしれません。

ところが、「宇宙さん」は「カリスマシナリオライター」なので、「排除できない方法」で、あなたの前に出してくることがあるのです。

どういうことかというと「運命のパートナー」として登場してくる。

そうすると「逃げられない」「排除できない」…そういう流れで、正反対の性質を持った人があなたの目の前に登場してくることがあります。

そのときは、もう観念したほうがいいですね…(笑)。

相手の「自分にはない部分」も含めて付き合っていくことが「学び」となります。

「逃げられない相手」とかかわることによって、「自分と違うタイプの人のこと」をよくよく知ることになるんですね。

それこそが、宇宙があなたにやってほしいと願っていたこと。

「バランスをとること」なんですよね。

私も、正直偏った人間です…(笑)。

ひとつ例をあげると、自分でもしみじみ思うのですが、すごく「せっかち」なところがあるということ。

例えば、私は毎日3回~4回ブログを書いているのですが、ひとつでも多くブログを更新したいので、銀行などで「待つ」という時間が非常にニガテなんです。

また「やることがない」という状態もニガテ。「ボーッとする」「ゆっくりする」ということがあまりできない性質なのです。

そんな私に宇宙が運んでくれた「運命の人」(いまのパートナー)は、「せっかちな私」とは対照的な人でもあります。

ひとつひとつのことを自分の腑に落とし、丁寧に味わいながら作業するので、私に比べると(いい意味で)「スローな人」と言ったらいいでしょうか?

「この人って、コーヒーとかお茶ばっかり飲んでいて、ブログの更新とかがスローだな」と思ったことがあるので、彼のことを「カフェスロー」なんて呼んでいたのですが…(笑)。

なんと私とお付き合いを始めてから、彼のブログの更新頻度がとても多くなり「カフェスロー」ではなくなってきました(笑)。

ひょっとしたら「せっかちなワタシ」の影響が彼に及んだのかもしれませんね。

また「自然のなかでゆっくり過ごすのが好き」という彼の影響を受けて、私も最近「自然の中でゆっくり過ごす休日」が前より好きになってきました。

そうしていたら体の調子がちょっとずつよくなってきたのです。

「宇宙はバランスをとりたがる」…宇宙はその人の「偏り」を知っていてバランスをとってくれる人をちゃんと用意してくれているのです。

愛の奇跡を起こす法則 8

運命の相手の中に「自分とは正反対の部分」があるとしたらその部分があなたのバランスをとってくれている!

どんな人をパートナーに選ぶかで
その後の運命が決まってくる！

いま私がしみじみ感じるのが**「誰をパートナーにするかで、その後の人生が決まってくる！」**っていうことなんです。

実はこれから私たちは「本当の使命達成」という段階に突入していきます。

そういうふうに聞くと、「私は使命なんてあるの？」と思う人もいるでしょう。

でも、ちょっと聞いてくださいね。

この本を読み進めるうちに、あなたは自分の「使命」を思い出すかもしれません。

この本を手にしてくださっているあなたは、これからそのステージに入っていくから、いまこの文章を目にしている（宇宙や神さまに読まされている）のだと思います。

「使命」っていうのは、自分が生まれる前から「このことをやろう！」と決めてきたことです。

そのためにあなたは自分の中にある「魅力」「才能」を惜しみなく出し切っていく必要があるでしょう。

そうやって、あなたが内側に眠っているパワーをめいっぱい発揮することで、たくさんの人を幸せにするお手伝いができるのです。

また自分も「本来の自分」に戻って、人生を思うぞんぶん楽しんでいく。

そういう「本当の使命達成」に突入するときに「パートナーの存在」が、ものすごく大切になってくるのです。

いま、パートナーがいらっしゃる人は、これからお互いの「魂の成長」を助けあったり、心を支えあったり、学びあったり、実質的にもお仕事を助けあったりして、「パートナーシップ」を深めていく流れに入るでしょう。

そして、いまパートナーがいない人は、この本を読みはじめたときから「出逢うチャンス」が高まってくるでしょう。

本を読みはじめたときから3か月以内に、なんらかの「出逢い」もしくは「出逢うヒント」が降りてくると思います。

ひょっとしたら「運命の人」はあなたのわりと近くにいるかもしれません。

Facebookで「友達」になっている可能性もあります。

また距離でいうと「友達の友達」あたりのゾーンにいるケースが多いのです。

いま出逢っているけれどまだ、恋人関係になっていない方も、あなたがこの本を読んで「運命の人」の仕組みを知り、パワーを高めることで、これから3か月のあいだに二人の仲が進展する可能性が大いにあるでしょう。


そのときに覚えておいてほしいのは**「魂が成長しあえるパートナーを選ぶ」**ということ。

あなたの「使命達成」を応援してくれたり、助けてくれたり、その人の「存在」があなたのパワーになっていくような人だからこそ、あなたは「本来の自分を生かすこと」ができるのです。

昔、私が編集者だったころ、ある成功者の人を取材したときに、その人が言っていたことがふと頭に浮かびました。

その人は「パートナーっていうのは精神レベルが同じ人じゃないとうまくいかないよ」と言っていたのです。

例えば、どちらかの魂が成長したら、相手もその影響を受けて一緒に「精神レベル」を上げていこうとする。

そういう人でないと、本当の意味で信頼しあったり、心を通わせたり、共同創造（何かを一緒に作りあげること）をしたり、お互いの「魂の喜び」を感じあうことが難しくなってしまう…ということなんです。

あるとき、心の中で「この人は『運命のパートナー』じゃないな」とか、「この人とは、そんなに長くは一緒にいないな」とか、「この人とパートナーでいるは、もうイヤだな」とか思ってしまうのは「どちらかの精神レベルが急激に上がったとき」が多いのです。

実は、「相手に飽きた」とか「パートナー以外のほかの人が魅力的に見える」というのは、相手のカラダとかセックスとかそういうことに飽きるのではなく、「お互いの『精神レベル』にズレがでてきたとき」なのです。

魂が成長できるパートナーを選んで、二人で一緒に「運を上げる勉強」や「魂の勉強」をしていけば、同じようなペースで学びあいながら魂を成長させていけるので「相手に飽きる」ということがありません。

「魂が成長しあえるパートナーを選ぶ」。このことを覚えていてくださいね。ともかく今後「パートナーシップ」というものが、私たちの魂の成長のひとつの「カギ」になっていきそうです。

愛の奇跡を起こす法則9

魂が成長しあえるパートナーを選べば「飽きる」ということがない！

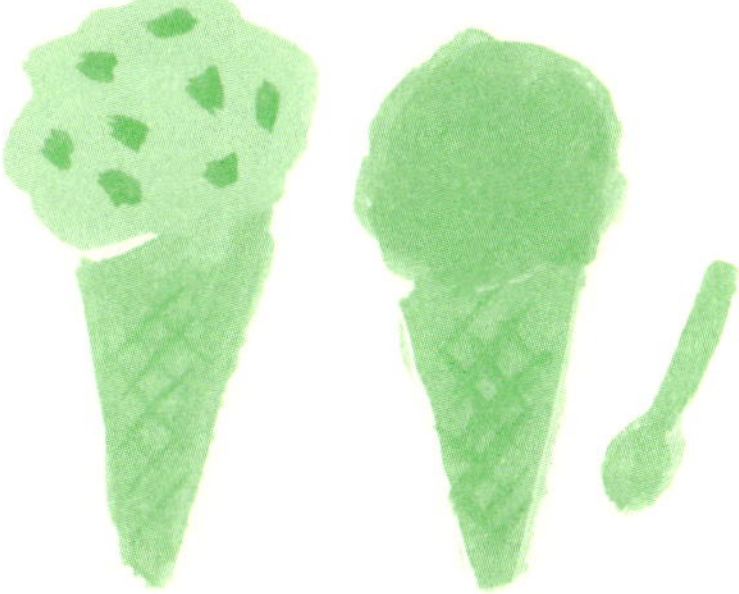

第2章 *chapter 2*

「運命の人」に逢っていない人の心には「ブロック」がある!?

「ブロック」をはずした人から「運命の人」に出逢っている!

「パートナーができると、仕事がおろそかになる」そんな思い込みがありませんか？

「もう何年も彼氏がいないんです」「ステキなパートナーがほしいのに、好きになれる人さえ出てきません」「好きな人はいるんですけれど、なかなか男女の仲として発展しないんです」

そんなふうに「どうして私ってパートナーシップがうまくいかないんだろう…」って思うことってありますよね。

以前の私もまさにそうだったから、その気持ち、よ～くわかります。

いま、そんな「過去の自分」をふりかえって気づくことがあります。あのころの私って「パートナーがほしい！」と言いながら、どこかでパートナーを作ることに対してストップをかけちゃっていたな…っていうことです。

こんなことを書くと「え～～～っ、私はストップなんかかけていません」「受け入れ態勢、すでにバッチリですよ！」「ステキな人が出てきたら、いつでもＯＫなんですけど」って思う人もいるでしょう？

これ「以前の私」もそう思っていたんです（苦笑）。


でもね、ちょっとだけふりかえってみてください。

どこかで「仕事とパートナーシップを両立するのはムリだ…」っていうふうに思っていませんか？

いま、仕事を持つ女性が増えています。仕事ができる人ほど「仕事に対する責任感」が強く、好きな人を作ったり、恋愛をすることに対して「仕事に手を抜く気がする…」という罪悪感があったりするんですよね。

そして、いつしか心の奥深くにある潜在意識に「パートナーができると仕事がおろそかになる」という思いが入ってしまうようになります。

そうなると、男性を敵対視したり、男性を近づけないように「パートナーをシャットアウトする流れ」を自分で作り上げてしまうことになります。

それで飲み会の席などで「彼氏はいるの？」と聞かれたときに、「いま仕事がめちゃくちゃ忙しいから、パートナーを作るのはムリなんです」「いまは別にパートナーはいらないんです」と即座に答えるクセがついてしまうのです。

そうなると、ますます出逢いを遠ざけてしまうことになります。

このエピソードが胸にささる人は、意識の塗り替えをする時期が来ているのかもしれません。

それは**「パートナーは私のいちばんの味方になってくれる人」**という思いを、自分の潜在意識の中に入れていくことです。

パートナーができるから仕事がおろそかになったり、仕事の幅が狭まるのではありません。

パートナーと愛し、愛されて、お互いの仕事やライフワークを応援しあうことで、ますますあなたの魅力や才能を発揮できるようになるのです。

その結果、あなたの仕事運も恋愛運も連動して上がっていくことになります。

潜在意識の塗り替えのためにも、ぜひこの開運言葉を何日か続けて言ってみてください。

「私は仕事もパートナーシップも両方受け取ります！」

まずは21日間、この言葉を続けて言うことをオススメします。

あなたの潜在意識が塗り替わっていくのと同時に、現実も変わっていきます。

意外な人から、新しい男性を紹介されたり、友人や知人の言葉を通じて、あなたとご縁の深い人の名前が何度も耳に入ってくるようになります。

そうなると、あなたはすでに「パートナーと出逢う流れ」が水面下で進んでいることになるのです。

愛の奇跡を起こす法則10

「私は仕事もパートナーシップも両方受け取ります！」

この言葉で潜在意識を塗り替えよう！

「いまはパートナーはいらない！」と言ってしまうあなたへ

先日、ある男性と話をしていたら「いま本気で彼女を作りたいと思っているんです」っていう話になったんです。数か月前、この男性は「僕は、いまは別にパートナーとかいらないんですよね」なんて言っていたので、「ひと月で、この人の心にどんな変化があったのかな」と興味深く思いました。

でも、ひとつわかるのは「パートナーがほしい！」「彼女（彼氏）がほしい！」って素直に思ったときから「その流れ」は水面下で始まっている…ということです。

ちょっと前に女友達と話していたら、こんなことが話題にのぼりました。

「自分がパートナーシップに関することで傷つくことがイヤだから、先回りして『自分はパートナーなんていらないの』とか、『相手が浮気しても私はぜんぜん平気だよ』とか、『私は大勢の彼女のうちのひとりでもいいの』みたいなことを言う人っているよね。でも、それって本当にそう思っているのかな？」という話だったんです。

あなたは「いまはパートナーなんかいらない！」と思っていますか？

もし本当にそう思っているのなら、この本は手にとっていないはずです。それなのに「思ってもみないことをつい言ってしまう」ということもあるでしょう。


なぜ「パートナーはいらない…」とか「相手が浮気しても平気」と言ってしまうのでしょうか？

そこには**「本当の気持ちをくるんでしまう警戒心」**が関係しているのです。

人は誰でも心の中に「とってもきれいで純粋な魂」があるのです。ところが大人になって、信じていた人に裏切られたり、大好きな人に自分の気持ちを受け入れてもらえなかったり、「傷つく経験」をしていくことになります。

恋愛やパートナーシップにおいて「傷つく経験が一度もない」という人はいないのではないでしょうか？

誰もが経験することだけど…、その中でとりわけ「警戒心」が強くなってしまう人がいます。特に「仕事」など、他のジャンルではうまくいっているけれど「恋愛に関してはどうしてもうまくいかない…」という人に「恋愛に対する警戒」が強く出る傾向にあるようです。

「また、うまくいかなかったらどうしよう」「またフラれてしまったらどうしよう」「自分みたいな変わり者は、誰も理解してくれないだろう」「最後には自分のところからみんな去っていく」。

こんなふうに「警戒する気持ち」が生まれてくるんですよね。

その「警戒する気持ち」は、自分の「感情」が傷つかないように、感情を感じるセンサーの周りに「まるで膜がはるように」心を覆ってしまいます。

そうやって「本当の気持ち」を隠すようになってしまうのです。

愛の奇跡を起こす法則 11

パートナーシップに対する警戒心が「運命の人との出逢い」を止めていることに気が付こう！

「思ってもみないこと」を口にしていると　その言葉が「言ったとおり」の現実を作ってしまう

警戒心から「思ってもみないこと」を口にしていると、その言葉が本当に「言ったとおり」の現実を作り出してしまうことになります。

この世には「円《えん》の法則」というものがあります。

自分がよく口にしている言葉は、くるりと円を描くように自分のところに戻ってきて、それが現実になっていくのです。

「自分はパートナーなんていらない」と言っていると、パートナーがますますできにくくなるような状況や環境を作ってしまいます。

「相手が浮気しても私はぜんぜん平気」と言っていると、浮気者の男性を引き寄せるようになり、「都合のいいオンナ」として、本当の意味で大切に扱ってもらえなくなるような流れを作ってしまうことがあります。

「私は大勢の彼女のうちのひとりでもいい」と言っていると、大勢の彼女を抱えているような人や、奥さんがいる人の愛人になってしまう流れを作ってしまうことがあるのです。

ですから「運命の人」と出逢いたいのなら「思ってもみないこと」は口にしないことです。

私はいまのパートナーと出逢う前に、宇宙に何度もこんな「お願い」をしました。


「私はたったひとりの人と愛し、愛される関係を作っていきます。残りの人生をかけて、その業（修行）に入っていきます」


この言葉を毎日、何度も何度も口にしていました。電車の中など「声が出せない環境」にいるときは、ノートにこの言葉を書き写し、それを目で読み上げていました。

言葉は「コトダマ（言霊）」といって、魂が宿っています。

「はじめに言葉ありき」と聖書にもありますが、口にした言葉がその人の「人生の流れ」を作っていくのです。

いま思い返してみると、私がこの言葉を何度も口にするようになってから、いまのパートナーと再会する流れが組み立てられていきました。

具体的には、友人の編集者の口を通じて、不思議と「西田さんの話」が頻繁に私の耳に入ってくるようになったのです。

もし「自分の心にも警戒心があるなあ…」と感じるのなら、「警戒心の膜」を少しずつでも破っていくことです。

「どうしたら警戒心が破れるの？」と思うかもしれません。

それは「本当の気持ち」を口に出して、宇宙に宣言（アファーメーション）し、お願いしていくことです。

パートナーシップへの「警戒心」を解くアファメーション

◆パートナーシップに対する自分の「本当の気持ち」を短い文章にまとめてみましょう。

◆書いた文章を「間を置いた反復」で何度も口に出して読み返します。
例えば「毎朝読む」「寝る前に読む」「お風呂に入っているときに読む」と、読む時間を決めて、
21日間続けてください。
それは「あなた発の宣言」となって宇宙に届き、最高のタイミングで叶えられることでしょう。

この「宇宙へのアファーメーション」をすることで、あなたが本来持っている「魅力」や「才能」、「生命エネルギー」が花開くようになります。

そうなると、あなたは人からも宇宙からも愛されて、気が付くとあなたの「運命の人」はあなたのそばにいるのです。

「運命の人」と出逢うことと同時に、あなたの人生はすべてが好転するようになっています。

いまこの文章を目にしているということは、「そのとき」があなたに近づいているということです。

愛の奇跡を起こす法則 12

「本当の気持ち」を何度も口に出して
宇宙に宣言し、
それが現実になるようにお願いしていこう！

「自虐的なピエロ」を演じていると「恋愛がうまくいかない波動」が定着してしまうことがある！

仕事や恋愛以外の人間関係はうまくいっているのに、「恋愛やパートナーシップのことになるとなぜかうまくいかない…」という人がいるかもしれません。

私も、まさにこういう時期がありました。

女友達が集まって恋愛の話になると、聞かれてもいないのに「いままでの自分の恋愛失敗談」を話して、なんとなく、その場を盛り上げようとしてしまうのです。

「付き合っていた人から、こんなひどいことを言われたことがあるんです」

「他にも彼女がいて、こんなに大変な修羅場になったことがあります」

「ラインを既読スルーされちゃって、ぜんぜん連絡が来なくなっちゃったんです」

そんな過去のエピソードを面白おかしく話してしまうのです。

その場ではドッとウケるのです。

そうすると、いつしかこの「自虐ネタ」が自分の持ちネタのようになってしまう。

本当は「幸せなパートナーシップ」を味わいたいのに、「みんなを笑わせるピエロ」の役割をその場でやってしまうのです。

そうすると、日常生活の中でもそのキャラが定着してしまうというか…、「幸せなパートナーシップ」の流れを遮断してしまうことってあるんですよね。


恋愛がうまくいっていない仲間や失恋した友人を励ますために「私にもこんなことがあってね…」という自己開示のつもりで「ちょこっとしたイタいエピソード」を語るのはアリだと思います。

でも、いつもいつも「自虐的なピエロ」を演じなくてもいい。

なぜなら**「自虐的な恋愛がうまくいかない波動」が定着してしまうから。**

ちょっと気になる人ができても、勝手に「私なんかムリなんじゃないか…」と思いこんで、その人といい雰囲気になる前にあきらめてしまう。

女友達とは「ステキな人がぜんぜんいない」「私の会社の男はへんな人ばっかり」

という悪口を言い合うことで、仲良くなったように感じてしまう。

こうやって「恋愛がなかなかうまくいかないワタシ」というキャラを作って、恋愛以外の人間関係をスムーズにしているような気に表面的にはなるかもしれません。

しかし、そこにハマってしまうと、いつまでも「恋においては自虐的なピエロ」をやめられなくなってしまうのです。

「自虐的なピエロ」…それはあなたの「本心」でしょうか？

本当は幸せなパートナーシップを味わいたいから、この本を手にとっているんですよね。


私が西田さんと再会したときに、西田さんがまさにこういう状態に入っていました。

当時、西田さんは前にお付き合いしていた人と別れたばかり。

仲良しの編集者や仕事仲間が私の家に集まってクリスマスパーティーをすることになったのですが、その会でこんな話を始めたのです。

「別れたパートナーから、出家したお坊さんみたいで、もう男性として見られなくなったって言われちゃったんですよね」

そう言いながら、お坊さんのように手をあわせ「合掌《がっしょう》のポーズ」をしては笑いをとっていました。

私は内心「そんなこと言わなくてもいいのに…」と思いながら、西田さんの話を聞いていました。

そのパーティーではパートナーシップのゲームをして、ひとりずつ自分の恋愛観を発表したりして楽しみました。

そして西田さんの番がまわってきたときにこんなことを言ったのです。

「みんなステキな恋愛をして楽しんでね。恋愛って、この地球の美しいお花畑、果樹園みたいなものだから。僕はお空の上から見守っています」

私はこの言葉を聞いたときに、なぜかむしょうに腹が立ってきました。

そしてパーティーが終わった後、西田さんにFacebookのメッセージでこんなことを伝えたのです。

「西田さんはステキな男性なのに、どうして自分のことを自虐的に言うんですか？生きているのに『お空の上から』なんていう表現は悲しすぎます。私自身、いまパートナーはいませんが、ステキな人がいたら、お付き合いをスタートさせていきたいです。

これからも恋愛を楽しんでいきたいと思っています」

すると西田さんからすぐに返信がきました。

「ステキな男性って言っていただけてありがとうございます。そんなふうに言われると素直にうれしいです。ところで田宮さんは独身なんですか？(笑)」

私は「西田さんの恋愛ブロックがはずれてきたな…」と、とてもうれしく思いました。

後で西田さんに「どうして「お空の上から」なんて言っていたの？」と聞いてみたら、「笑ってもらおうと思って。でもどこかで『自分はもう恋愛は無理かな…』と思っていたかもね」と話していました。

過去にどんな出来事があったとしても、いつまでも「自虐的なピエロ」を演じなくてもいい。

そして素直に周りの人に素直に「いい人がいたら逢ってみたいな」とか「ステキなパートナーがほしいんだ」ってありのままに話し、宇宙にもそのことをお願いしてみましょう。

あなたみたいに「いい人」こそステキなパートナーと出逢って幸せにならなきゃいけないのです。

愛の奇跡を起こす法則13

パートナーシップの「自虐ネタ」で笑いをとろうとしなくてもいい！

好きな人がいるのに
その人との仲がなかなか発展しないとき
自分の胸に聞いてみたいこと

「好きな人」はいるのに、その人との仲がなかなか発展しないことがあります。

そんな時、実は、自分の中に「片思いの状態が続くこと」を望んでいるところがあるのかもしれません。

「恋している状態が好きで、向こうが私を好きなのかどうかやきもきしている感じがたまらない」

「パートナーはほしいけど、向こうが追ってくると急におもしろみがなくなったり……自分にあわせてくるのはイヤ」

そんな思いが、もしも、心の奥底にあると「片思いの状態」が永遠に続くことになります。

なぜなら宇宙はあなたが「心の奥底」（潜在意識）で思っていることを、そのまま現実にしているから。

自分が「幸せにならない流れ」をあえて作らないようにしましょう。

また、もしかして、どこかで「女性性に対してストップをかけること」をしていませんか？

「目立っちゃいけない」

「甘えちゃいけない」

「重いオンナだと思われたくない」

そういう思いがありませんでしたか？

または「ひとりのパートナーに決めて、その人とうまくいかなかったらどうしよう…」「親を見てきて思うけど、結婚とは、大変だし、つらいもの」。

そんなふうに「パートナーシップ」に対してのメンタルブロックがありませんでしたか？

心の奥にある気持ち（潜在意識）に「私なんてパートナーシップで幸せになれっこ

ない」っていう気持ちが入っちゃったりするんですよね。

そういうときって必ず**「パートナーシップにおいてストップをかける行動」**をやるようになってしまうのです。

例えば、「フワフワしたアンゴラのセーター」とか「明るい色のトップス」とか「とろみそざいの花柄のワンピース」といった、「女性性の高い服」に対してなぜか尻込みする気持ちがあって、絶対に自分は着なかったりすることがあるのです。

あなたが思っているよりもずっと、あなたは魅力的な女性です。あなたの魅力をじゅうぶんに引き出してくれるような、女性性の高い服を着てみましょう。

愛の奇跡を起こす法則14

あなたの魅力を引き出してくれる「女性性の高い服」を着てみよう!

「運命の人」は探さなくてもいい!?

「運命の人と出逢いたいんです！」「どうやって探したらいいですか？」…講演会などで、そんなご質問をいただくことがあります。

「運命の人を探したい！」という気持ち、よ〜くわかります。

私も「運命の人」と出逢いたくてたまらなかったとき、いろんなところに探しにいきました。

新しい人との出逢いを求めて、異業種交流会にも行きました。観光地をみんなで歩きながら親睦を深める「街歩き合コン」みたいなものにも行きました。

知り合いの人に「いい人がいたら紹介してくださいね」なんて、お願いしていたこともあります。

しかし、私が相手を探していたとき「運命の人」だと思うような人はまったく出てきませんでした。

「こんどこそ出逢えるかも！」と大きく期待して出かけていくのに、ピン！とくる人がいないときのガッカリ感といったら…。

その日の夜の落ち込みなんて、ハンパないくらいでした…（笑）。

「あ～あ、もう私の『運命の人』は一生出てこないんじゃないのかな～」。そんなふうに思っていた時期もありました。

しかし、私の「運命の人」は、そうやって「探しまわる時期」をすぎたころにひょっこり出てきました。

私が「運命の人」を探すのをやめて「必ず最高のタイミングで出逢える！」と信じながら、毎日ブログを書くことに集中していました。

そうやって、**自分が伝えたいことを楽しみながら表現しているときに「その人」は現れたのです。**

具体的にいうと、私は自分のブログの記事を書くと、それをFacebookにアップしているのですが、その記事を読んで頻繁に「いいね！」を押してくれたり、時に的確なコメントをくれたりする男性がいました。

その人こそ西田普さんでした。第1章でも書きましたが、私は以前、雑誌の編集者をしていたので、西田さんとは10年ぐらい前から、いろいろな仕事の現場で顔をあわせてきました。そのころは彼のことを「ライバルだ！」と思っていました。

西田さんは、私たち編集者仲間のあいだで「仕事ができる」ともっぱらの評判で、読者から大きな反響がある企画や書籍を数多く手掛けていました。

仕事では負けず嫌いの私のこと、「どちらが良い記事を作るか競争だ！」というような感じで、彼をライバル視していた時期もあったのです。

また、いろいろな知人から「西田さんはすごくいい人だよ」というふうに、なぜか頻繁に名前があがっていた人でもありました。

そして、ある友人から「西田さんが前のパートナーと卒業された」ということを聞き、ひょんなことから飲み会で再会する流れになったのです。

この一連の流れを思い返してみて、いま私が実感していることですが、「運命の人」というのは、探しまわらなくてもいいんですね。

「自分らしさ」をのびのびと表現をしていると、その電波をキャッチして「運命の人」は引き寄せられてくるようです。

例えば、お花がきれいに咲くと「蜜」が出ますよね。その密の香りをキャッチしてミツバチが飛んでくる。そんなイメージです。

「運命の人」はあれこれ探しまわらなくてもいい。

あなたの個性や魅力、あなたが本当に「やりたいこと」や「伝えたいこと」、自分が「できること」を惜しみなく発信していると、その電波をキャッチしてあなたの前に現れるのです。

なぜなら**あなたの表現の中には、「運命の相手」にしかわからないキーワードやエッセンスがつまっているからです。**

あなたが発信するものは、「運命の相手」の心にビビビ…と響くスペシャルな電波が出ているからです。あなたはそれを自然と投げかけているのです。

「表現する」っていうのはブログやFacebookの他にもいろいろな方法があると思います。絵を描くこと。歌うこと。踊ること。料理をすること。オシャレをすること。あなたが「これがいい！」と思ったことをアツく人に語ること。

…とにかく、**あなたがあなたらしく表現をしているとき、あなたの全身から高次元の「魅力の波動」が発信されているのです。**

その「魅力の波動」に「運命の人」は引き寄せられてくるのです。

あなたという存在をのびのびと表現してください。

あなたの「魅力の波動」をおさえることをしないでください。

そうなったとき「運命の人」はあなたのすぐそばまで来ています。

愛の奇跡を起こす法則15

自分らしく表現していると「運命の人」は引き寄せられてくる！

「尽くしているから彼女になれる！」とはかぎらない

気配り上手で、やさしい女性であり、いわゆる「尽くすタイプ」なのに、「男性からなかなか興味を持たれない」「好きな人との仲がなかなか発展しない」「好きな人の彼女になりたいのに、いつのまにか友人（もしくはセックスフレンド）になってしまっている」「好きな人がいて一生懸命尽くしてきたのに、その人は別の女性を好きになってしまった…」。

そういったことで心が揺れている人がけっこういるんですよね。

「尽くす」というと、健気で女らしいふうに感じます。

でも、「献身的にひたすら尽くすこと」で、好きな相手のパートナー（彼女）という立場を得ることは難しいかもしれません。

ちなみに私も過去、好きだった人に献身的に尽くしていた時代がありますが、その関係はやはりうまくはいきませんでした。

いまパートナーとはお互いにサポートしあい、ひびきあい、わかちあえる「対等な関係」だと思っています。


ある成功者を取材したときに、「これは内緒の話だよ」とホンネを打ち明けてもらったことがあります。

実はパートナーシップにおいて、片方ばかりが「献身的に尽くす」ということを始めると、相手はその人をパートナーと思わなくなることがあるようです。

思わず「え〜〜〜〜っ!」と、のけぞってしまいそうになりますよね。

さらにいうと「尽くす」ということで「何かを得たい!」という気持ちが入っていることがあります。これは「相手に何かをしてあげることで、オンリーワンの存在になりたい」ということにもなります。

そういった思いから出ている波動は、ねばねばと粘着質で重みがあります。そして、相手に対する「執着」となり、恋やパートナーシップをうまくいかせない原因になっていることがあるようなのです。

「彼の仕事を手伝うことで、彼にとってなくてはならないオンリーワンの存在になりたい」

「彼になにかを聞かれても『あなたにあわせる』と自分の意見や感情をおさえて、相手にあわせるようにしている」

「彼の都合のいいときに呼び出されると嬉しくて喜んで行ってなんでもしてしまう」

「彼のやっている仕事にお客さんをいっぱい連れて行くことで彼の気をひきたい」

「彼の活動のすばらしさをブログやFacebookにアップすることで彼に喜んでもらいたい！　彼の気をひきたい！」

こういう行為や想いはいっけん「とっても健気にあなたを支えているんです」というふうに見えますが、それをやっていると、なぜか男性のほうの気持ちが変わってきてしまうようなのです。

どういうことかというと

「女性のエネルギーが重くなってくる」

「この女性はなんでも言うことを聞くけれど、おもしろみがない」

「この女性を本当に大切にしたいと思えなくなってきた」

「この人とは都合の良いように付き合えばいい」

そのようにして「相手には絶対に言えないけれど、パートナーという枠からはずしてしまおう」という気持ちが生まれてきてしまうこともあるようなのです。


「尽くすことはいいことだ」「もっともっと尽くさなきゃ」と思ってきた人にとってはもう、「え〜〜〜っ！」ですよね。私もこの話を聞いたとき、ショーゲキが走りました。


「自分と相手は対等な関係なんだ」

「この人となら、ひびきあい、わかちあい、助けあい、一緒に人生を歩んでいけるだろう」

「自分がまちがったことをしていたら、ちゃんと叱ってほしい」

「相手がちょっと違うな…と思うことをしていたら、ちゃんとそのことが指摘できる関係」

「お互いに相手を尊敬して、いろいろな相談やすりあわせをしながらすべてを進めていく」

そういう「対等な関係」であるから、パートナーシップを築いていけるもの。

この話を聞いて、ショックを受ける人もいるかもしれませんが、心のどこかに「このルール」をメモしておくと、ズレることなく「良好なパートナーシップ」への流れを作っていけることでしょう。

愛の奇跡を起こす法則16

「対等な関係」が築けるから パートナーになれる!

恋愛やパートナーシップにおいて
プライオリティ(最優先)をおきたいのは
「自分を大切にすること」

恋愛やパートナーシップに関しては、どんなことを思ってもいいし、その体験を通じて「魂の成長」につながる、と私は思っています。

そのうえで、相手が自分を傷つけるような行動をとっても自分の心がズタズタにならないで平然としていられるのって、本当に難しいことですよね。

私は**恋愛やパートナーシップにおいて、いつだってプライオリティ（最優先）をおきたいのは「自分を大切にする」ということだと思います。**

「自分を大切にする恋愛」
「自分を大切にするパートナーシップ」

そういう観点で、自分に起きていることを見ていくと、

「本当はどうすればいいか」

「本当はどんな人を選べばいいか」

自然と答えは出てくると思うのです。


たとえば、お酒を飲みすぎたり、自分のからだを壊すような生活習慣を続けている人は「自分を大切にしている」とはいえません。

同じことが「恋愛」や「パートナーシップ」にもいえるんですよね。


あなたのことを都合よく扱ったり、暴力（言葉を含めて）をふるったり、他の女性のことを大切にしている人に執着のような思いをもっているのは、「自分を大切にしている」といえるでしょうか？


「彼から連絡がこない…」って悩んでいる人は多いと思います。

でも、わざと連絡をくれなかったり「既読スルー」を何度も何度もするような人のことを、それでも待っていようとするのは、「自分を大切にしている」といえるでしょうか？

この世には「自分を大切にしている人は幸せになる」という法則があります。

そのことに気づいた人から「自分を大切にする恋愛」「自分を大切にするパートナーシップ」に入っていけるんですよね。

愛の奇跡を起こす法則17

パートナーシップで「自分を大切にすること」を最優先する。

宇宙は「人生で深くかかわる人」を教えてくれる！

先日、友人のカップルとランチをしました。

そのカップルは女性も男性も、それぞれがすばらしい才能や魅力を持っていらっしゃいます。

そして二人が一緒になってひびきあい、わかちあい、助けあうことで、お互いの持っているものを何倍にもかけあわせていくような「運命の二人」であることを感じました。

そしたら女性のほうがこんなお話をされていたんですね。

「私は昔から『私のパートナーになる男性は長髪なんだ！』っていうイメージがあったんだけど、彼と最初に逢ったとき、彼は髪が短かったの。だから、そのときはパートナーになるってわからなかった。でも、その8年後に彼に再会したら、彼は長髪になっていたの。だから『あ、彼は私のパートナーになる人かもしれない』ってピン！ときたんですよ」

この話を聞いて私も「あー、それ、わかる〜！」と思ったんです。

実は、私も自分のなかで昔からなんとなく「人生のパートナーになる人は経営者（なにかの会社をやっている人）だなあ」っていうイメージがなぜかあったんです。

しかし、私のパートナーである西田さんと出逢った当初、西田さんは会社員だったんです。

でも、私と出逢ってから、西田さんの運命も急激に動いてきて…、西田さんはいままでお勤めしてきた会社を辞めて、私と新しい会社をたちあげることになりました。

要は「経営者になった」ということです。

私たちって、**自分のパートナーになる人の未来像がチラッと頭に浮かんだり、自分と「深くかかわる人」を予知する力があるんですよね。**

人生のパートナーもそうですが、ビジネスパートナーや親友など、なぜか印象に残る人って、のちのち自分の人生に大きくかかわってくる確率がかなりあると思ってよいでしょう。

私たちは日常生活の中で「たくさんの人」と出逢っています。

しかし、その中でも**「なぜかあの人のことが気になった」「なぜかあの人のところに吸い寄せられるように目がいった」「あの人だけが光ってみえた」「あの人の感覚は自分と似ているな…と思った」**

こんなふうに、なぜか強く印象に残ることってありますよね。

それは「偶然」とか「錯覚」というわけではなく、「ほら、この人だよ！　この人とあとから仲良くなるよ」「この人と一緒に仕事をすることになるよ！」「この人とパートナーになるよ！」という「宇宙からの合図」なんですよね。

私の友人（女性）は10年間、友だちだった男性がいました。ところがあるとき突然、恋に落ちて、結婚することになったのです。

10年前はお互いに「別のパートナー」がいたりして、「まさか結婚するなんて思いもしなかった」ということですが、この友人は彼と逢ったときにとても「気になること」があったそうです。

「10年前に彼に逢ったときに、彼が履いていた靴がものすごく気になって、印象に残っていたの。まるで写真でパシャン！　と撮ったようにその靴が脳裏に焼き付いていたのね。10年後、彼と再会して、彼と付き合うようになったときに……『ねえ、あなたは10年前にこういう靴を履いていたわよね』って聞いてみたの。そしたら彼も『うん、そういう靴、履いていたよ！　よく覚えているね』って驚いていたのよね」

このエピソードからもわかるように、**「これからの人生で深くかかわる人」と初めて逢ったとき、「相手の身に着けていたものが妙に印象に残る！」「相手のことが妙に気になる！」というようなことがあるのです。**

彼と出逢い、パートナーシップが進んでから改めてふりかえってみると「ああ、あれは宇宙からの合図だったんだな」っていうことがわかることがあるのです。

日常生活の中で、あなたにとって大切な「パートナーの情報」は宇宙から毎日のように送られてきています。

それを受け取るのは自分の「直感」を信じるかどうかです。

宇宙はすでにあなたに「必要なもの」をあなたの近くまで運んできています。

それなのにあなたの「心の目」が閉じていたり、あなたが心をオープンにしないでシャットアウトしていると「宇宙が運んできてくれているもの」が目に入ってこないし、見えないのです。


「あれ、この人の話が、何度も私のところに入ってくるな」

「あれ、この人のことが妙に気になるな」

「あれ、この人だけが、なぜか光って見える」

「(Facebookやブログで)この人の書いていることが気になる！(妙に納得できる)」

…そんなような宇宙からの「小さな合図」を大切にしてください。

宇宙からの「小さな合図」が貯まっていくと、やがてひとつの「大きな合図」に変わっていきます。

「やっぱり、この人だったんだ！」とあなたの「目かくし」がふわっとはずれる瞬間がやってくるのです。

この本を読み始めてから3か月の間に、宇宙はあなたに「パートナーにまつわる大切な情報」を次々と送ってくるでしょう。

どうぞ自分の心をシャットアウトしないで、その「情報」や「合図」を受け取ってくださいね。

あなたはすでにその流れに入っています。だからこそ、いまこの本を読んでいるのです。

愛の奇跡を起こす法則18

なぜか印象に残る人がいる！
これは宇宙からの「パートナーにまつわる大切な情報」

第3章 chapter 3

どうすれば「運命の人」に出逢えるの？

あなたがやるべき「ナイショのワーク」

リストアップは必要ない!? 大切なのは「運命の人」と一緒になったとき「どんな気持ちになりたいのか？」

宇宙にパートナーをお願いするときに「できるだけ詳しくリストアップしてお願いするといい」という説があります。

年齢、職業、外見、性格など「こんな人がいいな」という「理想のパートナーの条件」を詳しく具体的に、できるだけたくさんリストアップして宇宙にお願いすると、その条件にぴったりの人が現れるといいます。

私も、以前はその説を信じていました。実際、「詳しいリストアップ」をしてパートナーと出逢うことができた友人や知人が何人もいたからです。

ところがその後、リストアップをして出逢ったパートナーとの関係がうまくいかなくなり、別れてしまう人が次々と出てきました。

いったいどうして？　と思った私は、その中のひとりに話を聞いてみました。

彼女は、宇宙にこうお願いしたそうです。

「私にはパートナーができました（このように過去形でお願いするのが◎）。年齢は30代後半から40代。仕事がとてもできる人で、スポーツが好きで、鍛えられたたくましいカラダをしている男性です」

そして彼女は見事に「リストどおりの男性」と出逢い、つきあい始めました。

最初のうち彼は彼女との時間を大切にしてくれましたが、数カ月たって二人の関係が落ち着いてくると、仕事や趣味のスポーツ（所属している社会人サッカーチームの練習や試合）を優先し、デートする時間を取らなくなってしまったそうです。

寂しさからイライラがつのった彼女は、ある日、彼にこう言ってしまいました。

「サッカーと私、どっちが大事なの？」

「サッカーに費やす時間を減らしてよ」

彼は不機嫌になり…彼女に連絡してくる回数がますます減ってしまったそうです。

私はこの話を聞いてハッとしました。

「あまり細かく条件をリストアップするのは、ひょっとしたら上手なお願い方法とは言えないのかもしれない!!」と。

宇宙は私たちの「願い」をすべて叶えてくれ、私たちが願った「条件どおりの人」を届けてくれます。

でも、その条件どおりだったからといって、幸せなパートナーシップが築けるとは限らないのです。

そして、ここからがポイントなのですが…私たちはつい「条件」に目を奪われて…「条件」を細かく挙げれば挙げるほど…「誤算」が生じる可能性も出てくるのです。

例えば「浮気をしない人」という条件を挙げた場合、彼が奥手すぎて、ふたりの関係が進展しないことも考えられます。

あるいは「浮気はしない人」だけど「人間的におもしろみがない人」で、あなたが彼に飽きてしまう可能性だってあるのです。

では、どうやったら「あなたの望みどおりの人」を引き寄せることができるのでしょうか。

それは、私たちが心の底で憧れている…

「パートナーにもたらしてほしい気持ち」を願うことです。

自分はパートナーを得たことで…「おだやかな気持ち」がほしいのか？

その人がいることで「仕事へのやる気がますます出る」のか？

その人がいることで「影響を与えあい、一緒に成長することができる」のか？

その人がいることで「刺激的でワクワク楽しい毎日が送れる」のか？

こんなふうに、自分はパートナーを得て「どんな気持ちになりたいのか？」をよく考えて、その「願った気持ちが持続すること」を宇宙にお願いするのです。

実は、パートナーの「表面的な条件」はあんまり重要なことじゃないんです。

いちばん大切なのは…「その人が自分にどのような感情を呼び起こしてくれるのか？」ということ。

宇宙は「カリスマシナリオライター」だから、私たちの想像を超えたドラマティックなストーリーを用意してくれます。

事前にリストアップしなくても、あなたと出逢ったあと、パートナーに思いがけない変化が起きて、理想どおりの条件の人に変わっていく可能性だってじゅうぶんあります。

だから、宇宙にパートナーをお願いするときは「その人と一緒にいるときに自分が味わいたい気持ち」をオーダーするのが、「運命の人」と出逢える近道なのです。

愛の奇跡を起こす法則19

運命の人と一緒にいて「どんな気持ちになりたいのか?」を宇宙にオーダーする

「彼のためのスペース」を空けよう
～必要ないご縁は手放すこと～

宇宙に「パートナーをください！」とお願いする前に、大切なことがあります。

それは**「いまのあなたの中に、その人のための『スペース』があるかどうか？」**です。「ひとりになるのが寂しい」という理由だけでつながっている人や、もう終わりだとわかっているのにズルズルと関係を切れない人を持ったままでいると「本当に必要な人」は、なかなか現れないのです。

なにかがほしいとき、いままで自分が「必要だ！」と思い込んできたモノや人を「いったん手放す」ということが必要です。

宇宙は、あなたに「必要なもの」を降ろしたくても、あなたの心がいっぱいでスペースがなかったら降ろしてあげることができません。

たとえるならば、新しい靴がほしくても、靴箱がいっぱいだったら「この靴を買っても、しまう場所がないな」と、買うのをためらってしまうのと同じです。

そこで、「もうはかない靴」を手放して、靴箱の中にスペースを作ってから「新しい靴」を買いに行く。この「流れ」に似ています。

私たちは「もうはかない靴」を手放して靴箱の中に空っぽのスペースができると、ちょっぴり不安になります。

「私に似合う新しい靴は、本当に見つかるのかしら」と…。でも、この作業こそ、この期間こそ「新しいもの」を受け入れるために必要な通過儀礼なんですね。

あなたが恐れずに「スペース」を作り、宇宙に「私にとって、いちばん必要なものを、ここに入れてください」とお願いしたとき、いままでになく強力な引き寄せのパワーが働いて、宇宙は絶妙なタイミングで、あなたがもっとも望むものを降ろしてくれるのです。

お笑いコンビ・オードリーの春日《かすが》さんのギャグで、自分の胸を指差しながら「春日のここ、空いてますよ！」というのがあります。あの言葉は「彼女募集中ですよ」と言いたいのだと思いますが、アレは「スペースありますよ」という意味ですよね！

まさにアレなんです（笑）。

仕事のパートナーでも…人生のパートナーでも…魂づきあいができる友人でも…いったん自分の中に「スペース」を作ってから、宇宙に「私のここ、空いてますよ！私にとっていちばん必要なものを入れてください！」とお願いすると、想像を超えた展開が起きて、あなたにとって「いちばん必要なもの」がやってくるのです。

だから、自分にもう必要のないご縁は、勇気をもって手放しましょう。心の中も、時間やスケジュールもいちばん必要で大切なもののために「スペース」を空けてから宇宙にお願いをして、あとは「宇宙がなにを降ろしてくれるか」を待てばいいのです。

愛の奇跡を起こす法則20

いちばん大切な人のための「スペース」を空けよう！

予祝…「一緒に過ごしているつもり」を先取りしてみる！

「運命の人」と早く出逢いたい！　と思っている人にオススメなのが、「予祝《よしゅく》」を行うこと。

「予祝」というのは文字どおり、「あらかじめ祝うこと」です。

「良いことが『必ず起こる』と信じて疑わないで、先にお祝いをしておく」と言うと、わかりやすいでしょうか。

私の「わかちあいの会」でやっているコトダマメソッドでは、最後に、受講者さんひとりひとりの「願い」を全員で応援するシーンがあります。

「私たちは〇〇さんがそういう存在であることを知っています。その姿がよ～～～く見えています」と全員で言いながら、その方の願いが叶った様子を思い浮かべて、心を込めて拍手を送るのですが、この「予祝応援」を受けると「その数日後にホントに願いが叶った！」というお声が続々と届いているんです。

「良いことが『必ず起こる』と信じて疑わないで、先にお祝いをしておく」

これは「とてつもないパワー」を発揮します。

「こうなったらいいなあ！」とウキウキしながら期待して、それが「必ず起こる」と信じて先にお祝いをすると、あなたの心は願いが現実化したときと「同じ波動」になっています。

すると**宇宙はもう、その「高まった波動」にふさわしい現象（現実）を降ろさずにはいられなくなる。**

だから、すごく早く願いが叶ってしまうんですね。

「運命の人」と出逢って、あなたはなにをしたいですか？

どんなふうに過ごしたいですか？

デートはどこへ行く？

どんな服を着て、一緒にどんな料理を食べる？

パートナーシップ、仕事、住みたい場所、やってみたいこと、行ってみたい場所など、「自分の理想」を思い描きましょう。

誰に遠慮することもなく、あなたの心が望むことをありありと思い描き、心地よさやワクワク感を存分に味わいます。

あなたが「こうなったらいいなあ！」と期待し、心地よく思い描いたことは、現実化するスピードが想像以上に速まっていきます。


「予祝」は、心でウキウキしながらその状態を思い浮かべるだけでなく、「実際に行動して準備する」ということで、さらに強力に働きます。

パートナーとの出逢いを望むのであれば、

「デートで着てみたい洋服を買いに行く」

「新しい下着を買いに行く」

「彼が泊まりに来たときのために、洗面所に彼のモノを置くスペースを作っておく」

「マグカップをふたつ（自分と彼用）そろえておく」

これをやって「ホントにパートナーができた」という人が続出しています。

実は、私もそのひとりです（笑）。

私は「鎌倉に住みたい！」と思っていました。

そこで最初に取った行動は、不動産屋めぐりではなく、時間があるとき足しげく鎌倉に通い、ロケハンをすることでした。

すでに鎌倉に住んでいる気分で街を歩いて、「友達が遊びに来たときはこのカフェでお茶をしよう」「野菜を買うときはこの店がいいな」なんてあれこれ妄想し、ひとりでウキウキしていました。

すると、ほどなくして理想にぴったりの部屋と出逢うことができ、鎌倉へ引越しすることに。

思えばこれも「予祝」だったのです。

新居では、ペアカップをそろえ、洗面台の棚には「彼のモノを置くスペース」を空けておきました。そうやって「こうなったらいいな」と思い描いたことを先取りして行動し、準備しているうちに西田さんと再会したわけです。

ちなみに西田さんは、私と再会する前、夫婦茶碗を買いそろえていたそうです（笑）。

宇宙は、あなたの「期待」に反応します。「こうなったらいいな」と期待し、それが「必ず起こる」と信じて、先にお祝いをしておく。引き寄せのパワーとスピードを格段に高める「予祝」を実行してみましょう。

愛の奇跡を起こす法則21

運命のパートナーとの暮らしをあらかじめお祝いして準備をすると現実があとからついてくる！

「結婚相談所」にも「合コン」にも行かなくていい!?
「本当の自分」になったとき
「運命の人」はそばにいる!

出逢いを求めて「結婚相談所」やネットのマッチングサービスを利用したり、まめに「合コン」に参加したりしているのに、なかなか「理想のパートナー」や「運命の人」と思える人と出逢えない…。

どうして私にはパートナーが出てこないんだろう?

どこへ行けば「運命の人」が見つかるの?

そんなふうに悩み迷っている人もいるでしょう。

答えは簡単。

あなたが自分の「本当の気持ち」を大切にして「本当のあなた」として生きることをはじめたとき…「運命の人」は、あなたのところに必ずやってきます。

外にパートナーを探しに行く前に、まずは「自分の内側」に目を向けて、自分の中での準備を整えましょう。

例えば、あなたに「本当にやりたいこと」や「お役割」（天職・使命）というものがあるとします。

その「お役割」を果たすには、思い切って会社をやめて独立したり、あなたのやりたいことを人前で発表したりする必要があるかもしれません。

ところがそのときに「やっぱり安定を手放すのが怖いから」「人からなんと言われるかわからないから」と自分の「本当の気持ち」を封じ込めて、一歩を踏み出せないままでいると、「運命の人」は目の前には現れません。

あなたと同じように「自分の気持ちを封じ込めている人」や、「ちょっと軽い気持ちでお付き合いする人」は出てくるかもしれませんが、「運命のパートナー」と呼べる人はたぶん出てこないでしょう。

なぜなら、**あなた自身が「本当の気持ち」にウソをついているからです。**

まだ自分の「お役割」がはっきり見えない人、一歩を踏み出す「覚悟」ができない人は、お休みの日やアフターファイブにあなたの「本当の気持ち」が「私はこれがしたい！」「ここに行きたい！」と言っていることを、めいっぱいやってみましょう。

その場所がちょっぴり遠かったり、交通費などにお金がかかったとしても、あなたの「本当の気持ち」が「ぜひ、それをやってみて！」とうったえてくることには意味があります。そういうところであなたの「運命の人」と出逢ったり、もしくは「運命の人」につながる「なにか」が、そこにあるのです。

私たちは誰でも自分の「幸せな未来」につながる道を予知して、見つける能力を持っています。その道しるべとなるのが、あなたの「本当の気持ち」です。

「本当の気持ち」はときに根拠なくわき上がってきます。そして、ときとしてかなり「とっぴなこと」だったりします。

でもね…「運命の人」を必要としていてちゃんとスペースを空けているあなたに、宇宙や神さまは「いちばんぴったりのもの」を必ず降ろしてくれます。「では、いまから降ろしますよ！」と知らせるチャイムが、あなたの「本当の気持ち」なのです。

なぜ、あなたが「本当にやりたいこと」に向かって歩みはじめると「運命の人」がやってくるのかと言うと、ふたりは「同じ使命のテーマ」を持って生まれてきて、今生で助けあいながら、その使命を達成していく運命にあるからです。

だから、本来の自分自身に戻り、自分が「本当にやりたいこと」をやりはじめると、目の前に「運命の人」が現れます。

私の友人も、20回以上もお見合いをくり返して全滅だったのに、自分の本音に正直に生きはじめたとたん、昔からの知り合いと急接近。仕事まわりの人から「運命の人」が出てきた。そんな話がたくさんあります。あなたの心が「受け入れ態勢OK！」になれば、宇宙全体が全力で「運命の人」と出逢わせるよう応援してくれる。だから安心して、その出逢いが必ずくることを信じていてくださいね。

愛の奇跡を起こす法則22

あなたが本当の気持ちに素直になった時、目の前に「運命の人」が現れる

「運命の人」と最高のタイミングで出逢うナイショのワーク

「気づいたらもう何年もパートナーがいない…」

「すっかり恋愛とはご無沙汰だから、いまさら出逢いなんてなさそう…」

そんな人たちに向けて、「運命の人」を一日も早く引き寄せるために、とっておきのワークを紹介しますね。


これは、私の「わかちあいの会」や「クリスマス会」などでもやっているワーク。

もちろん、ひとりでナイショでおこなってもOKですが、パートナー募集中の人が何人か集まって一緒にやるのも効果バツグンです。

まず、やり方を説明します。

このワークは大きく分けて2つあります。

「ごめんなさいポイント」を宇宙に宣言する！

◆あなたが「こんな人とはお付き合いはムリ！」と感じる「ごめんなさいポイント」はなに？

パートナーに求める条件として「こんな人だけは絶対にイヤ！」という譲れないポイントを3つだけ挙げてください。（ちなみに私が挙げた3大「ごめんなさいポイント」は、「仕事をしない人」「私の仕事を邪魔する人」「ほかにパートナーがいる人」でした）

このとき、なぜそれが「ごめんなさいポイント」として頭に浮かんだのか、「自分の中の理由」をちょっと考えてみましょう。

◆3大「ごめんなさいポイント」が決まったら、みんなの前で次のように宣言します。

（ひとりでワークをおこなう場合は、ノートに書き出します）

「ごめんなさい！

私、○○○○（本名）は

○○○○な人とは付き合えません！」

宣言を聞いた人たちは「がんばったね！」と声をかけて応援します。

（ひとりでワークをおこなう場合は、両手で自分を抱きしめながら「がんばってね」と自分に声をかけます）

↓「ごめんなさいポイント」に当てはまる人以外は、全員が「お付き合いする可能性のある人」。全員が「運命の人」候補だと思って、今日から過ごしましょう。

運命の人と出逢うナイショのワーク 2

3つの「愛の投げかけ」を決め、実践し続けることを宣言する

「愛の投げかけ」は、相手への好意を示す行為や言動です。

ただし、日常の中でサラリとさりげなくできることでなくてはいけません（つまり、相手の体をベタベタさわったり、過剰な色気をアピールしたり、いきなり告白したりするのはＮＧ）。

◆あなたが今日から実行する「3つの愛の投げかけ」を決めて、書き出します（思い浮かばない人は、左記にあるオススメの「愛の投げかけ」をやってみましょう）。

《オススメの「愛の投げかけ」》

1）相手に会ったら笑顔であいさつをする

2）必ずなにかひとつ、相手をほめる

3）相手に、なにか質問をする

◆決まったら、みんなの前で次のように宣言をします（ひとりでワークをおこなう場合は、ひとりでつぶやきます）

「私、〇〇〇（本名）は、これから「3つの愛の投げかけ」をします！」

1）〇〇〇〇〇〇〇〇〇〇〇〇〇〇

2）〇〇〇〇〇〇〇〇〇〇〇〇〇〇

3）〇〇〇〇〇〇〇〇〇〇〇〇〇〇

宣言を聞いた人たちは拍手で応援します。

（ひとりでワークをおこなう場合は、両手で自分を抱きしめます）

↓宣言した「3つの愛の投げかけ」を、「運命の人」に出逢って、お付き合いするまでやり続けます。

運命の人と出逢うナイショのワーク 解説

恋愛ご無沙汰の人や何年もパートナーがいない人は、「恋愛市場」から足が遠ざかっています。

「運命の人」を見つけるナイショのワークは、恋愛市場に再参入し、出逢いを増やすためのワークです。

「こんな人とはお付き合いできない」という「ごめんなさいポイント」には、自分がパートナーに求める最低条件と同時に、これまでの人生の経験や過去の恋愛で受けた心の傷も現れています。

「ごめんなさいポイント」を宣言することで心の傷が浄化されるとともに、恋愛ターゲットが広がります。

網を大きく広げると、魚が捕まえやすくなるのと同じで、「こんな人以外はお付き合いOK」と、自分の中のハードルを下げてターゲットを広げると、恋愛街道が開けていくのです。

「愛の投げかけ」は、（本人は無意識かもしれませんが）モテる女性が必ずやっていること。どんな人に対しても意識して「愛の投げかけ」をやり続けるとモテモテになり、自分の中でも恋愛モードにスイッチが入ります。

あとは流れにまかせていけば、自然と「運命の人」が現れるでしょう。

Secret work

第4章 *chapter 4*

「運命の人」を知らせる宇宙のサイン

「運命の人」との出逢いがはじまるときには「不思議なサイン」がある！

あなたが「運命の人」との出逢いを心からのぞんでいれば、宇宙は必ず「出逢う流れ」を作ってくれます。そして、「出逢いのとき」が近づいてくると、宇宙は必ず「サイン」を送ってきます。

その「サイン」はポジティブな出来事ばかりでなく、「なんでこんなことが起こるのかしら？」というような、いっけん「ネガティブな出来事」もあります。

しかし、そのことがきっかけになって、あなたと「運命の人」との距離はぐん！と近くなるのです。この章では「運命の人」が近づいてきている「不思議なサイン」について、いくつかお話ししておきますね。

その一つ目は、「好きだった人」や「付き合っていた人」に失恋した直後に「運命の人」と出逢う、ということです。

実はとても多いのがこのパターンです。『アルケミスト』や『ザ・シークレット』など、海外のスピリチュアルにまつわる良質な本を翻訳し、700万部以上も出版されている山川紘矢《やまかわこうや》さん、亜希子《あきこ》さんご夫婦は、学生時代に出逢ったそうですが、ある時、こんなお話を聞かせてくださったんです。

「お互いに、当時好きだった人に失恋して、それで結果的にお付き合いするようになった」と…。

「世の中で起こることはすべてに意味があり、必要なことなんです。だから、フッてくれてありがとうなんですよ」と山川紘矢さんはニコニコしながらおっしゃっていました。

サザンオールスターズの桑田佳祐《くわたけいすけ》さんと原由子《はらゆうこ》さんも学生時代の音楽サークルで出逢っていますが「お互いに失恋ばかりしていて、『もし、このまま誰も付き合う人がいなかったら、お互い結婚しようか』という話をジョーダンでしていた」…というエピソードを聞いたことがあります。

みんなが憧れるような理想のカップルや「おしどり夫婦」といえる人ほど、なぜか出逢う前に「他の人に失恋している」（どちらかが、もしくは二人ともが）というパターンが多いのです。

もちろん「フラれる」「失恋する」っていう出来事だけを見ていくと、とってもつらいし、悲しいし、人生に絶望したくなったり、「なんで、こんなひどいことをされるんだろう」って思ったりもするでしょう。

しかし、「運命の流れ」というものを俯瞰《ふかん》して（天から）見たときに「この人は私をフッた…というよりも、本命の『運命の人』が来るために私から卒業して、いなくなってくれたんだ」というふうにも見ることができるんですよね。

私も「運命の人」と出逢う前に、好きだった人と急に音信不通になってしまったり、付き合っていた人から「もう逢うのをやめよう」と突然、切り出されたりしたことがあります。

そのときは本当に本当につらかったです。

ところが、その人と逢えなくなってしまった直後に「運命の人」と再会するチャンスがやってきたのです。

もちろん当時は「なんで突然、心変わりしたんだろう…」「なんで、あの人はこんなことをするの?」「あの人が憎くてたまらない」と思っていた私がいます…(笑)。

でも「運命の流れ」から見ると、「あのときの彼氏よ、フッてくれて、ありがとう」というように後になってからわかることってあるんですよね。


これは恋愛やパートナーシップにかぎったことではありません。

人生において「そろそろ、このことから卒業したい!」「新しい世界へ足を踏み出してみたい!」と思うことって、ありますよね。

そういうときに「でも、いまいる場所も、けっこう居心地がいいし…」と思うと、新しい一歩を踏み出す勇気がなかなか出ないことがあります。

さらに言うと「私、ここから卒業したい!」と自分が思っていることさえ、忘れているというか、考えないようにしていることってないでしょうか?

ところがある日、強制終了的な「どうしたって卒業しなくてはいけない出来事」が起こると、人は「新しいステージ」に行かなくてはならなくなります。いわゆる「神さまからの荒療治的な出来事」ともいえるでしょう。
でも、その「荒療治」があったから、あなたは「新しいステージ」に行く決意をすることができるのです。

あなたのことをフッたり、あなたの前から突然立ち去ったり、あなたに理解不能なことをした「憎いあんちくしょう」ともいえる人は、実は「その人」がそうしてくれたおかげで、あなたは本当の「運命の人」に出逢うことができるのかもしれない…。この人生において「意味のないこと」はひとつもないんですね。

後々になってわかることですが「憎いあんちくしょう」もあなたにとっての「天使」かもしれません。
生まれる前から、そういう「悪役」になることを決めてきて、演じてくれたのかもしれません。

すべてはあなたを「運命の人」と出逢わせるために…。そう思うと出逢った人すべてに感謝したくなりますよね。

いま誰かに失恋したり、大好きな人と別れて絶望している人は、どうかこの不思議な法則があるということだけ知っておいてください。

「『好きだった人』や『付き合っていた人』に失恋した直後に『運命の人』と出逢う」

ひょっとしたら、あなたの本命との出逢いは、すぐそこまで来ているのかもしれません。

愛の奇跡を起こす法則23

あなたをフッた相手は「運命の人」との出逢いのためにいなくなってくれた！

「運命の人」と出逢う前に「大きな損失」があったり「ショックなこと」が起こる場合もある！

とても不思議なことなのですが「運命のパートナー」と出逢う前に、自分にとって大切なものを失ったり、リストラにあったり、大きな病気をしたりすることがあります。

いままでの人生の中でも「こんなにツライ出来事はなかった！」という出来事が起こることがあるのです。

人によっては「運命の人との出逢い」の直前ではなく、数年前にその出来事が起きていて、すでに乗り越えている場合もあります。

この「ショックな出来事」がすべての人に起こるわけではありませんが、もし「運命の人」を求めている人で「ショックなこと」が起きたのだとしたら、「ひょっとしたら、運命の人との出逢いは近づいているかもしれない」と思ってみてもいいでしょう。

私たちは人生で、そういう「ツライこと」があったときに、その「悲しさ」「つらさ」「苦しさ」をとことん味わいますが、ポイントとなるのは「それからどうするか」にあります。

いつまでも「悲しみ」や「つらさ」や「苦しさ」に踏みとどまっていないで、自分の力で立ち上がり、「よし、新たな一歩を踏み出そう!」としたとき。不思議と「運命のパートナー」と出逢うことが多いようです。

「神さま」や「宇宙」というのは「もう自分なんて生きていてもしょうがない」「もう誰にも逢いたくない」「もう誰にも心は許さない」と、ひとりで部屋でうずくまっているときにはなにも起こさないのです。

「こんなことがあったけど、もう一回人を信じてみよう!」

「もう一回、新たな気持ちでチャレンジしてみよう!」

そんなふうにあなたが底力をふりしぼって立ち上がろうとしたとき、あなたに「生きる力」をくれる人として、宇宙は、「運命のパートナー」と出逢わせてくれることがあるようです。

具体的に言うと、こんな「ケース」があると聞いたことがあります。

●いままで付き合ってきた人に「好きな人ができたの」と言われてかなりのショックを受けたけど「それならしょうがない。いままでのパートナーの幸せを祈りながら、自分も新たに歩みだしていこう」と、ふっきれた直後に出逢った。

●いままでのパートナーから別れを切り出されてショックを受けたけど、そのことを異性の友人に相談していたらその相談相手こそ「運命のパートナー」だと気づいた。

●「ニセ運命の人」ともいえる人を相手にさんざん修行をしたけれど、うまくいかなくて「いまは目の前の仕事を一生懸命やって、きちんと自立して歩み始めよう」と気持ちを切り替えたときに「運命の人」と出逢った！

●誰か（なにか）にずっと心をコントロールされていて「私自身を解放しよう！」と決意したときに出逢った！

●「大きな病気」を経験して、リハビリをはじめたときに出逢った！

●「卒婚」することを決めひとりで歩き始めたときに出逢った！
●いままでの仕事を辞め、新しい仕事に変わって、引っ越すことになって、新たな引っ越し先で出逢った！

このように「この出来事がなければやらなかった！」という流れの先に、あなたの「運命のパートナー」は待っていることが多いのです。


人と言うのは「非常事態」になったときに底力が発揮されることがあるし、「プライドを捨てて、なんでもやってみよう！」とふっきれることがあります。

その「底力」や「チャレンジ魂」を発揮したときに、それが「魂が開花したときの蜜」となるのでしょう。

「運命の人」がミツバチだとしたら、あなたが開花すると、その「蜜の香り」に吸い寄せられるように相手が引き寄せられてくるのかもしれません。

いままでの自分だったら、あまりしなかったようなこと。

いままでの自分だったら、行かなかった場所。

そういう「いままでしなかったこと」をやったとたん、「不意打ちで『運命の人』と出逢う！」というケースが多々あるようです。

もしくはあなたの周りにいる人の中で「この人が運命の人だったんだ」と改めて気づく場合もあります。

いずれにせよ「いままでのステージから、一歩踏み出したときに出逢う」ということを覚えておきましょう。

愛の奇跡を起こす法則24

あなたが試練を乗り越えて一歩踏み出したときに「運命の人」と出逢う！

宇宙は「この人だ！」と何度も合図を送ってくれる！

あなたが「この人が運命の人だ！」とわかるために必要な情報は、あなたの周りの「あらゆるもの」を通して入ってきています。

例えば…

●あなたの「なんか、あの人が気になる！」という直感

●シンクロニシティ（偶然の一致）

●「共通の知人」が多いこと

●「共通の知人」からなぜか耳に入ってくること

●相手が送ってくる合図

そういうものに注目してみてください。

私の場合で言えば、一時期、なぜか、「西田」という苗字が、テレビや雑誌等を通

じてよく目に入ってきました。西田ひかるさんや、西田敏行さんなどです。

また、私がFacebookを開いたまさに途端に、「西田普さん」が、「超いいね！」を押してくれていることが何度もありました。

こうしたことは、一見、笑い話のようでもありますが、見過ごしてはいけません。

「合図」は、最初は「小さなもの」です。そのうち、「小さなもの」が何度も何度もやってきます。

そして、あるときその「合図」は「大きな合図」になっていきます。あなたはきっとその合図をキャッチすることでしょう。

愛の奇跡を起こす法則25

「この人が運命の人だ！」とわからせる情報は周りの「あらゆるもの」を通して入ってくる！

「運命の人」に出逢うために「ご縁つなぎ」をしてくれる人がいる！

最近、ある友人と話しているときにこんな話になったんです。

「自分の魂は、本当は『新しいステージ』に行きたいけれど、表面意識において勇気が出ないときに、『とても惹かれる人』とか『好きな人』が出てくることって、あるよね。その人を好きになったことで、それが突破口になって自分の心の奥から勇気がどーん！　と引き出されてきて、『新しいステージ』に勢いよく歩み出していけることってあるんだよね。それで自分が『新しいステージ』に行くと、その人とのお付き合いが卒業になることってあるんだよね」

こういうことって、ありませんか？　実は私もいままで「人生の転換期」、もしくは「新しいステージに行きたいけど勇気が出なくて迷っているとき」に、こういう**「期間限定の恋人」**みたいな人が出てきたことが何度かあります。

もちろん当時は「期間限定の恋人」だなんて思っていません。

「この人は運命の人かもしれない！」というぐらい本気になって好きになっていたと思います。いまふりかえると「あ、あの人は、そういうお役割だったな」とわかる感じです。

「期間限定の恋人」をもうちょっとくわしく言うと、こんなお役割を果たしてくれる人です。

①あなたと出逢うことで、あなたを「新しいステージ」へとつれていってくれる役割

相手を好きになることで、あなたの中から勇気や魅力、才能を引き出してくれます。

②「運命の人」と出逢う直前に出てくる「橋渡し的な人」

あなたが「元のパートナー」と卒業する段階に入ったとします。実は、あと数年たつと「運命の人」との出逢いが控えているのですが、その出逢いの時期までにはもう

ちょっと時間がかかりそうなとき、あなたが「運命の人」と出逢う方向に歩んでいけるように、宇宙は「期間限定の恋人」をあなたの前に出すことがあります。

この①や②のように、あなたの「いままでの段階」を上手にフェイドアウトさせたり、「次の段階」への足がかりを作ってくれる「ご縁つなぎの人」が、あなたの前に現れることがあるんです。この「ご縁つなぎの人」のほうも、あなたとある時期、かかわることによって、なんらかの「学び」や「気づき」を得ます。

しかし、不思議なことに「ご縁つなぎの役割」を果たす人の多くは、「つなぎの役割」を果たし終えると、あなたの前から消えていったり、あまり深くかかわることがなくなったりします。ただし例外もあり、あなたのパートナーからは卒業したけれど「友人」として長いお付き合いになる人もいます。

この「ご縁つなぎの役割」を果たしてくれる人は、「ある一定の時期、その人と一緒にいることで、あなたの気持ちがほっとしたり、まちがった方向に流れることがなくなる」というような「宇宙からの期間限定プレゼント」といったら、わかりやすいでしょうか？

いままでの私の人生をふりかえってみても、「あ、あの人は、『ご縁つなぎの役割』を果たしてくれたなあ…」っていうふうに思い当たる人がいます。

「いまはあまりお逢いすることがなくなった人」ではあるけれど、私の人生に「大きなおみやげ」を置いていってくれて、多大なる影響や功績を残してくれています。

いまこの本を読んでいて、「あ、『ご縁つなぎの人』って、あの人のことだ！」とピン！ ときた人がいるかもしれませんね。あなたがピン！ ときたのなら、その人は、きっとそういうお役割であなたの前に現れたのでしょう。その人がいたからこそ、あなたは本物の「運命の人」と出逢う流れが作られたのです。そう思うと「ご縁つなぎ」を今回の人生で演じてくれた相手にも感謝したくなります。

「そでふりあうも多生の縁」という「ことわざ」がありますが、偶然、あなたの前に現れたような人であっても、その人とかかわる期間がたとえ短かったとしても、その「ご縁つなぎの人」とも「前世からの因縁」があるのです。

「今回の人生ではこの時期に、ご縁つなぎの役をやります！」っていうふうに生まれる前から決めてきている「お役割」でもあります。

「ご縁つなぎ」の人も、あなたの魂を練りあう相手であり、あなたの人生を彩り豊かにするためにあなたの前に現れた人。

こうやって考えるとほんのちょっとふれあった人でも、ほんの短い期間、やり取りをした人でも、すべての人に「感謝」があふれてきます。

それと同時に「宇宙や神さまは、なんてうまいことを考えるのかしら!?」と改めて「宇宙の流れ」や「神さまの愛」に感動するのです。

愛の奇跡を起こす法則26

「ご縁つなぎ」を果たしてくれる人は「運命の人」と出逢う流れを作ってくれる「期間限定プレゼント」

「なんか気になる」は大切なサイン！

１２６ページでお伝えした通り、宇宙は、あなたに「この人こそ『運命の人』だ！」と知らせるために、あなたの周りの「あらゆるもの」を通して、たくさんの「合図」を何度も送ってくれます。そんな**「宇宙からのサイン」の中でも、特に大切にしてほしいのが、あなた自身の中にある「なんか気になる」という感覚です。**

いま、あなたには「これがなんだか気になるなあ…」ということがあるのではないでしょうか。それは「特定の人物」だったり、「あるキーワード」だったり、「ある仕事」だったりと、いろいろでしょう。いまの自分には関係のない事柄や、なぜそれが気になるのか、理由がわからないものもあると思います。

そんなふうに「なにか心にひっかかるもの」を大切にしてください。あなたが「なんだか気になる」ものは、今後のあなたの人生に必ず意味のあるものだからです。

「なぜかわからないけれど、なんだかこれが無性に気になる」「特に理由がないけれど、なんとなくそう感じる」…そんなふうに感じたとき、あなたの魂は宇宙からの情報を「先取り」しています。

あなたの魂は「あなたの未来」を知っています。
あなたの魂は、あなたがどうすれば幸せになるかを知っています。
あなたの魂は、あなたが誰とつながるとあなたの使命が果たせるかを知っています。

だからこそ…「直感」=「なんか気になる」という合図を、あなたに何度も何度も送ってくるのです。

「なんか気になる」対象が物事の場合は、それについてもっと深く知るために、あるいは実際に体験するために、自分の直感や興味に従って行動したほうがいいこともあります。行動することで自分の世界が広がり、自分の「人生の使命」への理解を深めたり、「運命の人」との出逢いにつながったりすることもあるでしょう。

一方、「なんだかこの人が気になるなあ…」という人がいた場合、その人がズバリ

「運命の人」ではないこともあります。ただ、「気になる」ということは…「今後、絶対になにかでご縁がある！」ということなんですよね。

その人とは男女のパートナーではなく、お仕事やライフワークで助けあい、影響を与えあう関係になるのかもしれません。あるいは、あなたにとって「大切な人」を紹介してくれる人なのかもしれません。もしくは…何年かの時間を経て…お互いにいくつかの恋を経験して魂が成長して…そのときに絶妙なタイミングで、宇宙がもう一度あなたの前に「運命の人」として、その人を運んでくるかもしれません。

いずれにせよ、「なんか気になること」「気になる人」は、これからのあなたの人生に大きくかかわってくることは確かなので、その直感を大事にしてくださいね。

愛の奇跡を起こす法則27

あなたの魂は宇宙からの情報を「先取り」して、「なんか気になること」として合図を送ってくる

何度も「相手の名前」があがってくる！ いろいろなところで偶然に出逢う！ 「共通の知人」が不思議なほど多い！

「運命の人」との出逢いが近づいてくると、宇宙があなたにさまざまな「サイン」を送るようになります。

そのひとつが、「同じ人の名前が何度もあがってくる」というもの。126ページで書いたことをもう少し詳しく説明しましょう。例えば、こんな感じです。

ある日、仕事仲間と話していて「そういえば、〇〇さんって知ってる？」と、「ある人物」の名前が話題に出たとします。

そして翌日、出張先で打ち合わせをしていると「田宮さん、〇〇さんってご存じですか？　私、あの方とも仕事でよくご一緒しているんですよ」と、昨日たまたま話題に上った人の名前が、また出てくる。

さらに1週間後、プライベートの友人と集まって飲んでいると、「ねえ、陽子ちゃん、私こんど新しい仕事を始めるんだけど、実は○○さんっていう人と一緒にするのよね～」と、またまた同じ人の名前が出てくる。

こんなふうに、いろいろな場面で違う人たちから「同じ人の名前」が何度も何度もあなたのところにあがってきたとき…それは「あなたと『その人』は近々、深いご縁ができますよ」という宇宙からの「お知らせ」です。

その人の名前が出たのが1回きりならどうということはないのですが、2回、3回と立て続けにあなたの耳に入ってきたときは、「はい、この人に注目～～～！」という感じで、宇宙が盛大にファンファーレを鳴らしているのです。

この現象が強まってくると、「知人と会うたびに『その人』の名前が出る」「聞いてもいないのに『その人』の近況が耳に入ってくる」、というような流れに入っていきます。

恋愛パートナーとなる人の場合は、「『その人』がいままでのパートナーと別れて、パートナーを探している」という情報が、あなたにはっきりわかるように届くこともあります。

また、いろいろな場所で偶然に「その人」と出くわしたり、ちょっと前まで「その人」がその場所にいた、といったニアミスが起こったりすることもあります。

これは、あなたの「運命の人」との出逢いが近づいてきているサイン。

その名前を聞いたとき、あなたの中にピン！　とくるものがあったら…ぜひ、相手の人にちょっとしたメッセージを送ったり、さりげなく「あなたに興味や好意がありますよ」という意思表示をしてみてください。

いまはまだ相手の意識は「覚醒」（目覚め）をしていなかったとしても…必ず「最高のタイミング」であなたの存在に気が付くはずです。

「運命の人と出逢うこと」というのは、私たちが生まれたときから、人生の「シナリオ」にあらかじめスケジューリングされているようです。

そして、カリスマシナリオライターである宇宙は、運命の二人を「偶然」「たまたま」という方法を使って引き逢わせようとします。

ドラマと同じですね。

だから、シンクロニシティ（意味ある偶然の一致）に気づくこと。

その**「偶然」を生かして宇宙が用意した運命の流れにうまく乗っていくことが、「運命の人」との出逢いを果たすために重要なポイントなのです。**


あなたと「運命の人」との間にあるシンクロニシティとして、ぜひ知っておきたいのが「『共通の知人』が不思議なほど多い！」ということ。

先にあげた「同じ人の名前が何度もあがってくる」現象が起こるのも、共通の知人が多いから、いろいろな人の口から「その人」の名前があがってくるのです。

名前があがることで、「この人ともつながっていたんだ！」と、共通の知人が多いことがわかってくることもあります。

「共通の知人が多い」ことにも、ちゃんと意味があります。

あなたと「運命の人」は、同じ「魂の役目」を持っています。魂の役目が同じ人たちは自然と引き寄せられ、仕事仲間や友人、知人といったかたちで自分の周りに集まってきます。

だから、「運命の人」とは共通の知人が多くなる。まったく不思議なことではないのです。

愛の奇跡を起こす法則28

宇宙は「偶然」
「たまたま」というかたちを借りて
あなたと「運命の人」を引き逢わせる！

「安心感」「信頼感」がハンパない！初めて逢ったのに「なつかしい感じ」がする！

「運命の人」との出逢いを知らせる「宇宙からのサイン」は、外の世界で起こる出来事だけでなく、自分の内面にも、考え方や心境の変化となって現れます。

ふたりが「出逢う時期」が近づいてくると、落ち着かなくなってソワソワしたり、「私に合う人は一生出てこないかもしれない」という絶望的な思いに打ちひしがれたり、「なんだか大切なことを忘れている気がする」という気持ちになったりします。

また、これまで「私は一生ひとりで決めていく」と決めていた人が急に、「やっぱり人生にはパートナーが必要かもしれない」という心境になったり、「恋愛」や「結婚」「パートナー」といった言葉がなぜか気になりだしたりすることもあります。

これらは、あなたの魂からのメッセージ。あなたに「そろそろ『あの人』が出てきますよ！」ということを知らせてくれているんです。

「運命の人」との出逢いは、普通の恋愛とは好きになるポイントが違ったり、いままで自分が経験してきた恋愛感情とは少し違う感情や感覚を抱いたりすることがよくあります。これらも大切なサインなので、お伝えしておきますね。

私たちは通常、人を好きになるときに「相手の条件」というものを気にしますよね。例えば、「自分と相手の年齢が、つりあっているかな?」とか、「独身で、子どもがいない人がいい」とか、「高収入の人じゃないと、絶対にイヤ!」とか。こういう条件を持つこと自体は、いけないことじゃありません。

ちなみに、恋愛や結婚相手に対する「条件」というのは、次の2つがあります。

①絶対に絶対に譲れないこと。いままでの体験から「こういう人だけは絶対にイヤ!」という「ごめんなさいポイント」

②絶対にじゃないけど、できれば「こうであってほしい」と望むこと。なんとなく、そう思い込んでいる「グレーゾーンのポイント」

「運命の人」は、②の条件（思い込み）をくつがえすような人であることが多いようです。通常だったら「条件的にちょっとムリかもなあ…」と思う人なのに、なぜか「その人」が気になってしょうがない。そんな気持ちになってしまうんです。

なぜなら、初めて逢ったときに「なんともいえない、懐かしさ」や「この人、前にどこかで逢ったことがある！」という「デジャブ感」に包まれて、初対面にもかかわらず、おしゃべりがはずんでしまうんです。なぜなら二人は、前世でも前々世でも何度も逢っているからなんですね。

あなたに記憶はなくても、魂はちゃんと前世を覚えていて、その人の波動になじみがある。だから、まだ初対面なのに、自分の恋愛ターゲットからは範囲外のはずの人なのに、「なぜか気になってしょうがない」という気持ちになってしまうんです。

そして、普通は他人に言わないようなことも…「この人なら、言える！」（むしろ言いたい！）「この人なら、わかってくれる！」…という絶対的な「信頼感」や「安心感」に包まれて、いろいろなことをしゃべってしまいます。相手も同じで、逢って間もないのに、すごく深い話ができたりする。そうして「ハンパじゃないわかりあえる感」が生まれてくるのです。
また、通常の恋愛では相手の前でムリしてがんばったり、自分を飾ったり、「この人は私のことを本当に好きになってくれるかしら？」という不安や緊張感を覚えたりしがちですが、「運命の人」と一緒にいるときの感覚は、まるで違います。第1章（『運命の人』に出逢ったときに、どんな感覚になるの？」の項目、29ページ）でお伝えしたように、「一緒にいるとホッとする」「ムリをする必要がなくて、すっごくラク！」といった感覚が沸いてきます。**「運命の人」を見分けるポイントは、「なつかしい感じ」「信頼感」「安心感」「自然体」がキーワード。**「その人」と一緒にいるときの自分の感覚にも注目してみてくださいね。

愛の奇跡を起こす法則29

「運命の人」は、普通の恋愛とは好きになるポイントや一緒にいるときの感覚が違う

第5章 chapter 5

「運命の人」に出逢うと起こる奇跡

「運命の人」と一緒に最高の人生をつくりあげるコツ

「運命の人」はあなたの「使命」と結びついている！

「運命の人」は、一緒に日常生活を楽しむこともそうですが「何かを一緒に成し遂げるため」に出逢うと言われています（44ページ参照）。

よく言われるのは**「自分の『使命』が何なのか、そのことにお互いに気付き、その使命をまっとうする道のりで出逢う」**ということです。

その使命をまっとうする上でさまざまな「ハードル」（乗り越えるべきもの）が出てくることもありますが、そこを支えあうのが「運命の人」。

お互い知恵を出し合って、相手から学びつつ力をあわせてハードルを乗り越えていくのです。そのために神さまは「運命の人」と出逢わせてくれている。

このことを思うたびに、神さまはすごい「しくみ」を用意してくださるんだなあ…と思います。あなたも「運命の人」と出逢ったことをきっかけに、「使命」の探求をより深く行っていくことになるでしょう。

マンションに住んでいる人はわかると思いますが、入口のドアの鍵が「オートロック」になっていることってありますよね？

「オートロック」って厳重に鍵がかかっていて、「他の誰か」が入ろうとしても絶対に開かないようになっています。

唯一、扉が開くのが「オートロックを開けるカードを持っている人」。

そのカードをピッ！と入口の「カードをあてるところ」にあてると、扉はバーン！と開いてしまうのです。

なにが言いたいのかというと、**いまあなたの「使命」になんらかのオートロックがかかっているのだとしたら「その扉を開けるカードを持っている人が現れる」**。

それがあなたの「運命の人」です。そのことを意識しておいてください。

ちなみに私に起きた不思議なエピソードをご紹介します。

私が「運命の人」と出逢う（再会する）1年ほど前のことです。

私の知人で、いわゆる人の未来が見えるという「透視能力がある女性」がいるのですが、彼女がこんなことを言ったのです。

「陽子さんの次のパートナーになる人は、たくさんの子どもたちを救い、助けることになる人です。陽子さんはその活動をサポートしていくことになるでしょう」。

私はそれを聞いたとき、「わあ、その人って、なにか子どもの支援をおこなうようなNPO法人や、海外の子どもを助けるNGOのような活動をしている人かしら?」と勝手に思い込んでしまいました。

そして、せっかちな私はそういう活動をしている人がいないか、知り合いに聞いてまわりました。しかし、私の周りには、その条件にあてはまる人がなかなか見つかりませんでした。

そして1年がたち、私は西田普さんと再会するときがやってきました。西田さんと最初にプライベートな話をしたのは、何人かの友人たちを呼んで開いた食事会です。

みんなで雑談をしているときに、彼が「僕はいまは雑誌の編集者をしているけれど、実は、童話や物語を書くのがライフワークなんだ。休みの日を使って、童話や物語を書きためているんだ」という話をしていました。

私はその話を「ふーん、そうなんだなあ…」となにげなく聞いていました。しかし、その言葉が妙に心に残りました。そして、しばらくたったあと、1年前のあの予言を思い出したのです。

「陽子さんの次のパートナーになる人は、たくさんの子どもたちを救い、助けることになる人です。陽子さんはその活動をサポートしていくことになるでしょう」。

その言葉を思い出したとき、私の胸にズドーン！と稲妻が落ちたような衝撃が走りました。「もしかして…。彼が童話や物語を書いていることと、なにか関係があるのかもしれない」

私はいてもたってもいられず、Facebookのメッセージを使って、彼にこう聞きました。「あの、西田さん。西田さんは童話や物語を書いているっていうけれど…、その童話や物語ってどんなお話ですか？『子どもを助ける』っていうことに関係することなのかしら？」

すると彼から帰ってきた答えはこんなものでした。

「子どもを助ける…そうともいえるかもしれません。もし、それができたらいいなあと思います。家庭環境などで大変な思いをしている子どもに、ちょっとでも希望の光を与えられるような物語を書いていきたいと思っています」

私はこのメッセージが返ってきたときに、目の前にまぶしい太陽の光がパーッと差し込んできたような気持ちになりました。

「やっぱり彼だったんだ！」。私は確信しました。そして、1年前に告げられた「予言」を彼に話してみました。

すると、彼からしばらくFacebookの返信が返ってこなくなってしまったのです。「あれ、どうしたのかな」「なにか気にさわることを言ったかな」「ひょっとして寝てしまったのかな」。そんなふうに不思議に思っていた私ですが、しかし15分後、彼からこんな返事がきました。

「僕は田宮さんからこの話を聞いたとき、全身がふるえて涙が止まりませんでした。自分の魂の望みに、あらためて気づいて、ひとりで声をあげて泣いていたんです。田宮さん、ありがとう。あのひとことは、僕のハートの扉を開けてくれました」

後で聞いた話ですが、パソコンを打つ手が震えてメッセージが書けなかったんだそうです。

そのときまで彼の中には「自分は物語作家になると確信していて、原稿も書いていたけれど、次の一歩が踏み出せない」というメンタルブロックがあったようです。

しかし、私の言葉がきっかけとなって、彼はブログに物語を発表していくようになり、あっという間に処女作が出版されました。

「自分の使命の扉を開けてくれる人」。それが「運命の相手」なのです。

愛の奇跡を起こす法則30

「運命の人」だけが、誰も開けられなかったあなたの「使命の扉」を開けてくれる

「運命の人」とは、いつ出逢うことになっているの？

私自身のことを振り返ってみてもそうですが、「運命の人と出逢うこと」は私たちの人生の「シナリオ」にあらかじめスケジューリングされている（逢うことが決められている）ように思います。

「運命の人」とは前世（前回の人生）でも出逢っています。そして、どうやら今生《こんじょう》（今回の人生）が始まる前に「次はいつお逢いしましょうね」って、二人で決めてきているとしか思えない流れを感じるのです。

では、いつ「運命の二人」が出逢うかというと「自分の魂がある程度の課題をクリアしたとき」といえるでしょう。

「魂の課題」のケースはさまざまです。例えば…

●いくつかの恋愛をのりこえ、魂がパートナーシップをある程度経験してから出逢う
●常識にとらわれないで「自分の本当の気持ち」にしたがって生きることができるようになってから出逢う
●「病気の家族」がいて、その人と接することで気づきを得てから出逢う
●自分自身が病気になってそのことを乗り越えて気づきを得てから出逢う
●自分の「天職」の第1ステップを終えてから出逢う
（天職の第2ステップは「運命の人」と結ばれることではじまります）

こうした「自分で決めた魂の課題」をある程度クリアしたときに「相手と出逢う」「相手と再会する」というシナリオになっているようです。

とはいえ「魂の学び」には個人個人のペースがあることでしょう。「運命の二人」がまったく同じペースで「準備が整う」とは限りません。

例えば、10年前に女性のほうが「あっ、この人『運命の人』かもしれない！」と気づいていて相手にアプローチしたとしても、男性は「そのこと」にまだ気が付かなく

て、そっけない態度をとることもあるでしょう（私の場合のように！）。

しかし「相手と出逢ったときになにかピン！ときた」ということは、いますぐではないかもしれませんが、今後なにかがあるのです。

もし本当に「運命の人」だった場合は、「生まれる前から決めてきた出逢いの時期」が近づいてくると、必ず二人が「やっぱりあなただったのね！」と気づくような「しかけ」がしかけられています。

その「しかけ」は二人にしかわからないようなことです。

二人が出逢った、お付き合いを始めたりすると「シンクロニシティ」（意味のある偶然の一致）が頻繁に起こってきます。そのときに、二人のあいだで「これは普通のご縁じゃないな…」っていうことがはっきりわかるようになるのです。

あなたが「運命の人」と出逢うことを心から望み、あなたの中で「愛を受け取る準備」をしていれば、あなたにも「運命の人」は必ず出てきます。

それはもうあなたの近くにいる人かもしれません。

10年間ぐらい「ちょっとした知り合い」で1年に何度か、顔をあわせている人かもしれません。

「この人とは絶対にムリだな…」とあなたが思い込んでいるような「グレーゾーンの条件」を持っている人かもしれません。

あなたはすでに「この人だ！」と気づいているのに、相手がまだ気づいていないかもしれません。もしくはお相手のほうがすでに「運命の人だ！」と気づいているのに、あなたがまだ気づいていないのかもしれません。

あなたの人生はその人と出逢うことで「大きな革命」が起こることになります。

そのことが約束されているからこそ、あなたはいまこの本を手にしているのです。

愛の奇跡を起こす法則 31

「魂の課題」をいくつか乗り越えたとき「運命の人」と出逢う！

「運命の人」と出逢ったときには「想像もしないこと」が起こる！

「運命の人」と出逢うときは「人生の転換期」を迎えているともいえるでしょう。

3章でも書きましたが、人生が大きく変わろうとしているときには「うれしいシンクロ」や「運命の人と結びつけるためのサポート」も連続して起こりますが、その一方で「想像もしないような出来事」「ものすごくショックなこと」が起こる場合があります。例えばそれは「肉親の死」であったり、会社からリストラされたり、仕事で大きなトラブルが起きたり、人間関係でショックなことが起こったり…と、いっけん「とんでもなくネガティブなこと」が起こることがあるようです。

実は私にとっても「心揺さぶられるようなこと」がありました。

それは、具体的に言うと、私の弟が亡くなったのです。

しかも「運命の人」と付き合いだした当日に…。

「弟のこと」は私の人生では「痛みの部分」でした。

自分のブログにも何度か書いているので、ご存じの方もいるかもしれませんが…、私の弟って精神病だったんですね。

弟は10年以上、心の病気になっていて、それが原因となって家族全員が苦しみました。引っ越ししたことも何回もありました。

小さかった頃、私の背中におぶさって、かわいい声で「お姉ちゃん、がーんばれ！お姉ちゃん、がーんばれ！」と言っていた弟。その弟が…。なげき悲しむ私の両親。私は「なんでこんなことが起こるんだろう！」って心の底から思っていました。

2018年のはじめに、西田普さんとお付き合いをはじめたんですが、その初デートの日の出来事です。西田さんと一緒にバレエを見に行くことになって、食事をしました。その日はたまたま、西田さんの誕生日で、ささやかなお祝いをさせていただいて、最後に「じゃあ、これからお付き合いをしましょう」っていうことになって、カフェでお別れしたんです。

それでふっと私の携帯を見たら、父からもう何十回と着信が入っていたことに気づいたんです。バレエを見ていたので、携帯の電源をオフにしていたので、わからなかったのです。

それで父に電話をしたら「弟が今日、亡くなったよ」って号泣しているんです。

もう、言葉が出てこなかったです。「なんでこんな日に！」と思いました。

ただ、私はその弟が亡くなった…という知らせを受けて、はげしく動揺しながらも「西田さんとのご縁は、特別なものなんだな。いわゆる『運命の人』なんだ。これは天からのそういう合図なんだな」っていうことに気が付いたんですね。

１２１ページでも書きましたが、「運命の人」と出逢ったときには「なにか大きな損失」があったり「ものすごくショックなこと」が起きたり、「人生の中でもめったに起こらないようなことが起こることがある」っていうことを知っていたんです。

「弟が亡くなった！」というのはその合図だ！と思いました。

それで数日後に西田さんから聞いたのですが、西田さんが道を歩いていたら、突然、「お姉ちゃんをよろしくお願いします。白いお花を買ってあげてください」っていうような声がした…というのです。

これは、弟の魂が贈ってきたメッセージだと私は思いました。

この出来事があったこともあり、西田さんのほうも、「これはただならぬ、特別なご縁なんだ！」と気が付いたようです。私たちはお互いを「運命の人」として認識し、このご縁を特別なものだと大切にするようになりました。

お付き合いをはじめてから数か月たったとき、山川紘矢《やまかわこうや》さん、亜希子《あきこ》さんご夫妻のご自宅に、西田さんと一緒に、遊びに行ったことがあったのです。

そのときに、私が弟のことを話しましたら、亜希子さんが「みんなじゅうぶん学んだから卒業という意味よ」と言っていただき、涙が出そうになりました。

そして、紘矢さんはこうおっしゃったんです。「すべての人は気づきをくれる天使だ」と…。私はこの二つの言葉がとても心に響きました。

なぜなら、私にとって、亡くなる前の弟は「天使とはほど遠い存在」だったからです。

私は、亡くなる前の弟のことが大嫌いでした。数々のトラブルを起こし、親を泣かせてばかりいる弟をどうしても、許せないと思っていました。

大人になってからの大半は、弟のことを憎んでいたかもしれません。その彼が、最後にこの世を去る時に、身をもって私のために「いちばん大切な合図」を残して旅立ってくれたんだと思うと、なんだか涙が出てくるんです。

人は誰でもこの世を愛でいっぱいにするために生まれてくるって言われています。

ただ、そのことを、生きていると忘れちゃうこともある。

でも「弟にまつわる一連の出来事」を通じて、私は「誰にでも愛がある」っていうことを思い出したんです。やっぱり、弟は天使だったんだって。

「運命の人」と出逢ったとき、私はいままでの人生でいちばん苦しめられた存在に助けられ、サポートされ、そのことを知ることになったのです。

やはり「運命の人」というのは普通の恋愛相手ではありません。

いま、弟に言えるのは、やはりひとこと「愛の奇跡をありがとう」という言葉だけなのです。

愛の奇跡を起こす法則32

人生において天敵ともいえる存在が「運命の人」との結びつきをサポートしてくれることがある！

「パートナーの運気」を上げると自分に返ってくる！

結婚している人にとって、最も身近な存在が「パートナー」ですよね。

また、結婚していないパートナー（事実婚に近い存在）であったり、「恋人」である場合も、パートナーと過ごす時間は、他の人に比べて比重が多いと思います。

人は、いつも一緒にいる人から多大なる影響を受けるようになっています。

そのため、「パートナー」の運気が上がると、あなたの運気も連動的に上がっていくようになっているのです。

「パートナーの運を上げるように協力すること」は、二人で運気を上げて幸せになっていくうえで、とても大切なことになります。

では「パートナーの運気を上げるためにできること」とは、どんなことがあるでしょうか？

例えば、誰かのブログやFacebookなどを見ているときに「運を上げるコツ」でピンとくるものがあったら、それをパートナーにもちょくちょく伝えるようにしましょう。

映画を見たり、小説を読んだりして感銘を受けたことがあったら、「いま私はこんなことがスマッシュヒットしているんだよ（心に響いているんだよ）」とパートナーにも伝えて、お互いにいま夢中になっているものの「すりあわせ」をしておくのです。

二人で一緒に「運を上げる勉強」や「魂の勉強」をしていけば、一緒に魂を成長させていけるので「相手に飽きる」ということがありません。

実は、「相手に飽きてきてしまう…」とか「パートナー以外の異性が魅力的に見えてくる」というときは、相手のカラダとかセックスとかそういうことに飽きるのではなく、お互いの「魂レベル」にズレがでてきたときが多いのです。

お互い、自分が「得意なジャンル」のことを教えあい、助けあい、響きあいながら、お互いが「良い影響」を与えあっていると、ますます二人で「幸福の磁場」を強めていくことができます。

パートナーの運気が飛躍的に上がっていったり、のびのびと才能や魅力を発揮できるのは、あなたの協力によるものが大きいのです。

そして最終的には「強運なパートナー」のそばにいるだけで、あなたにも「良い運気」がめぐってくることになるのです。

愛の奇跡を起こす法則33

「運を上げるコツ」を知ったら
パートナーにも伝えて、二人で運気を上げていこう!

パートナーとの仲が不思議とうまくいくようになる「魔法の言葉」

パートナーシップが始まって、半年ぐらいは「ロマンスの時期」。相手の欠点もなにもかもが愛《いと》おしく見える「あばたもエクボ」のときです。

そして半年たつと「ロマンス後期」に突入し、「相手のちょっとしたことが気にさわってイライラカリカリしてしまう」っていうことが出てきます。

パートナーって、自分のそばにいるし、自分に最も近い存在なので、遠慮がなくなってきます。だから、ちょっとしたことが目についたり、口を出したくなったりしがちになります。

「なにやってるの！」

「このあいだも言ったでしょう！」

「ねえ、聞いてるの!?」

「あれ、どうするつもりなの!?」

こういうマイナスのスパイラルにおちいりそうなとき、自分の波動が波立っているんですよね。自分の波動をまず軌道修正して、おだやかに戻すことが必要です。

そんなとき、いつも私はこんな開運言葉をつぶやくことにしているんです。

「彼はいま、この瞬間も私のためにベストを尽くしてくれている!」

こうやって思ったり、言ったりしていると、「言霊《ことだま》の魔法」でそれがホントのことになってしまうのです。どんなにパートナーに、イライラカリカリさせられる状況であっても、最後にはこの言葉通り「彼はあなたのためにベストを尽くす」という結果になってしまうから不思議です。

ちょっぴりイライラしてしまうような行動を相手がとっているとき、あなたにはすぐにはわからなくても、相手にはなにか理由があるのかもしれません。

例えば、私のパートナーも夕食の時間に遅れてくることがあります。「せっかく作った料理が冷めちゃうのに」と私はイライラカリカリしそうになるのですが、私はすかさず「彼はいま、この瞬間も私のためにベストを尽くしてくれている！」とつぶやくようにしています。

後で遅れてきた彼に「なんで遅れたの？」と聞いてみると「田宮さんが好きなヨーグルトとぶどうをデザートに買いに行っていたんだよ」ということだったのです。彼は本当に私のためにベストを尽くしてくれていたわけです。

自分で勝手に悪いほうに考えて、彼にあったときにそのイライラをぶつけると、うまくいくはずのパートナーシップもうまくいかなくなってしまうこともある。

だからこそ「彼はいま、この瞬間も私のためにベストを尽くしてくれている！」という開運言葉をとなえて心を軌道修正し、パートナーへの信頼と愛で自分の心を愛でいっぱいに満たしておくことが大切なのです。

この開運言葉を言っていたことで、こじれてしまったパートナーシップや冷えそうになっていた二人の仲に「もういちど愛が宿った」という方々がけっこういるのです。

この開運言葉は「夫婦関係の修復」にも「友人関係の修復」にも効果的です。あなたの「運命の人」と大切な人生を創り上げていくために、知っておきたい魔法の言葉です。

愛の奇跡を起こす法則 34

イライラしそうになったら
「彼はいま、この瞬間も私のために
ベストを尽くしてくれている！」とつぶやいてみよう！

「運命の人」とは心の充電ができる！

私たちはみんな、この人生を通じてやると決めた「使命」を持って生まれてきました。そして、「次に生まれたときに、必ず逢いましょうね」「みんなで力を合わせて、プロジェクトを成功させましょうね！」って約束してきた「魂の仲間」がいます。

それが「ソウルメイト（魂の友達）」です。「ステキな目的」を共有し、出逢うことを運命づけられている仲間。それが「ソウルメイト」なんです。

「運命の人」は、そんな「ソウルメイト」の中でも、前世で何度も何度も出逢い、「次に生まれたときにパートナーとなり、二人で助けあい、学びあいながら生きていこうね！」と約束してきた特別な人。

「魂の仲間」たちの中でもいちばん強い絆で結ばれた、オンリーワンの「魂の同志」と呼べる存在です。

「ソウルメイト」同士の間では、自分の心が疲れているときや、ショックなことがあったとき、なにかで混乱しているときなどに、「ソウルメイトと逢うことで、心の充電ができる」という不思議なパワーがあるそうです。

もし、あなたがいま、なにかで心が揺れているのなら、「この人、ソウルメイトかも？」と思う友人に逢ってもらったり、電話で声を聞かせてもらったり、メールやラインでやりとりをしてみてください。それだけでも「ソウルメイト充電」はじゅうぶん可能です。

「ソウルメイト」は、お互いに励ましあって、生かしあい、響きあい、助けあいながら、ひとつの「使命」を達成していく「魂の仲間」ですから、心が疲れたときにパワーをチャージしてくれる「心の充電」機能も付いているんですね。

「運命の人」とのパートナーシップを考えるうえでも、この「心の充電」機能は、とっても大事です。

誰でも、生きていると「心が磨《す》り減る」状態になることがあります。仕事や生活でうまくいかないことがあったり、自信をなくしてしまったり、なんだか疲れてしまって「もう、すべてがイヤ！」という気分になってしまったり…。

そんなとき、ほんの短い時間でも「運命の人」と逢ってお茶を飲んだり、ちょっと電話して声を聞かせてもらったりするだけで、心が充電されてエネルギーが満タンになり、「明日からまたがんばろう！」という気持ちになれるのです。

それは、相手にとっても同じ。パートナーに逢うと自分の心が充電されるのと同じように、パートナーの心が疲れたり元気がなくなったりしたとき、あなたが相手の心をフル充電してあげることができるのです。「心の充電タイム」として、パートナーと一緒に過ごす時間を大切にしてくださいね。

愛の奇跡を起こす法則35

心が疲れたり磨《す》り減ったりしたときは、「運命の人」と一緒に過ごす「心の充電タイム」を作ろう

パートナーといつまでも仲良くするために「そこはかとない色気」を大切にする！

男性でも女性でも「モテる人」っていますよね。

そんな人たちをじっくり観察していると、どこかに「そこはかとない色気」があるものです。この「そこはかとない色気」って、パートナーといつまでも仲良くするためにも、とっても大事だと思います。

ちなみに、私が思う「そこはかとない色気のある人」は、「清潔感」があって、いつも、こざっぱりした格好をしている人。

自分に似合う服をよくわかったうえで、服装や髪型にうまく「旬」の要素を取り入れている人もポイントが高いですね。

そして重要なのは、行動やしぐさに「男性らしさ（男性性）」や「女性らしさ（女性性）」がほんのり現れている感じ。そういう雰囲気だと、思うのです。

例えば女性だったら、髪や爪、かかとなど体の細かい部分のケアを怠らない。家で作業をするときの部屋着でも、着心地のよいニットやお気に入りのTシャツで、いつもオシャレを忘れない。

そして年齢を問わず、「もっときれいになろう！」という努力を欠かさない。そんな配慮が「そこはかとない色気」につながるのだと思います。

女性の色気というと、妖艶でセクシーむんむんな感じを思い浮かべる人もいらっしゃるでしょうが、そうしたあからさまな「お色気アピール」ではなく、女性としての自分を大切にし、慈しんでいる感じ。それが落ち着いた雰囲気や「上品なオーラ」となって、「そこはかとない色気」を人に感じさせるのだと思うのです。

一方、私が男性に対して「そこはかとない色気」を感じるポイントは…やっぱり自分の体を愛していて、できる範囲で鍛えていること。

自分のことを「オジサン」とか「オッサン」って自虐的に呼んだりするのは、私はあまり好きじゃありません。何歳になっても「ひとりのオトコ」だということを忘れないことが大事だと思います。

そして、清潔感も大事。

いつも清潔なシャツを着て、髪をきちんと整えている。

そして、ちょっぴり「紳士的」なしぐさ。ドアを開けるときに女性に先を譲ったり、力仕事が必要で困っている女性を見かけたらサッと手を貸す、あたたかさ。

そんな配慮が「そこはかとない色気」に結びつくのだと思います。


私たちは年齢を重ねるにつれ、自分が「女性である」「男性である」ということを忘れがちになってきます。

「もう、こんな歳なんだし…」「どうせオバサンだからオシャレをしてもしょうがない」なんて言葉を言い訳にして、ラクなほうやカンタンなほうへ流れていきがちです。

でも、神さまがその性別に生んでくださったということは、なにか意味があるはずです。自分の「性」を大切にすること。自分の中にある「女性性」や「男性性」を大切にすること。それらは、楽しく美しく歳を重ねていくためにも、パートナーといつまでも仲良くするためにも、とても必要なことだと思うのです。

もちろん、ゲイの方や同性愛者の方、生まれついた「体の性別」と「心の性別」が違う方もいらっしゃいますよね。そういう方々は「その性のあり方でなければできない、すばらしい使命」を自ら選んで生まれてきた方々だと私は思っています。

杓子定規な「女性性」「男性性」という枠には収まらないでしょうが、みんながそれぞれ自分の「性」と「自分らしさ」を大切にして、自分の「個性」を自由に表現していけるといいな、と感じています。

ちなみに、私とお付き合いを始めてから「宇宙整形レベル」の若返りを果たしたパートナーの西田さんは「そこはかとない色気」について、こんなふうに話してくれました。

「その人からにじみ出る生命エネルギーや活力が『色気』だと思う。大切な人ができると『自分ひとりの体じゃない』と思うから健康にも気を遣うようになるし、いろいろな面で『もっと自分をよくしたい』と考えるようになる。それが『そこはかとない色気』が出てくることにつながるんじゃないかな」

やっぱり「もっと自分をよくしたい」と努力する姿勢が大切なんですね。

愛の奇跡を起こす法則36

自分の「女性性」「男性性」を大切にする人は「色気」や魅力が出て、パートナーとの仲も長続きする

パートナーシップでの思いやり「飲みごろ」に冷ましてから相手に伝える

パートナーには、誰よりもいちばん自分の気持ちをわかってほしい。

ますます「幸せな成功」をして、もっと豊かになってほしい。

そんな思いが強すぎるあまり、ついつい熱くなってキツい言い方をしてしまうことって、誰もがあると思うんです。


実は…私もよくあります（苦笑）。

いま自分が夢中になっていることや外で聞いてきた「いい話」など、「パートナーにぜひとも知ってほしい話」や「共感してほしい話」をすごい勢いで猛プッシュして、冷めた返答をされると「どうしてわかってくれないの！」と軽くキレてしまったり。相手のためを思って「ここを直すともっとよくなるよ」とアドバイスしたつもりが、言い方がキツすぎて相手がシュンとしてしまったり。

言ってしまったあとで「あ〜、やっちゃったな〜」と後悔したり、「かわいくない言い方をしちゃったな〜」「ステキな女性とはほど遠い言い方だったな〜」って反省したりすることがあります。

そんなとき、いつも思い出す話があるんです。

私が以前お逢いした「ある成功者のステキな奥さま」が、こんなことを言っていました。

私は、仕事に関することや子育てに関すること、なにかわかってほしいことをパートナーに伝えるときに…こんなふうに考えているんです。

「アツアツのお茶を、飲みごろに冷ますようにしてから相手にあげよう」と。

「あること」に関してパートナーに伝えたくてしょうがないときっていうのは…「このことをわかってもらいたい！」と、自分も興奮しています。

だから、ついハイテンションの興奮状態でパートナーに伝えてします。

そういう自分のテンションにパートナーがついてこられないと…「どうして、こんないいことなのにわからないの!?」とじれったい気持ちになってしまいます。

そういう自分では、せっかく「良いこと」を相手に伝えようと思っても…パートナーの心に響くように、さわやかに心地よく伝えることはできませんよね。

だから、私は自分の心を「飲みごろ」に冷ましてから伝えるようにしているんです。


このお話をうかがって「なるほどなあ！」と深く感動しました。

パートナーになにかを伝えたいとき、自分が熱くなりすぎていてハイテンションになっていたら、ちょっとだけ自分の心の中でそれを「寝かしておく」。

そのときに「どんな言い方で話せば、伝わりやすいかな?」「どんなふうに説明すれば、興味を持ってくれるかな?」「どんなふうに伝えたら相手に心地よく、心に響くように伝わるかな?」と、いったん考えるんですね。

「相手のことを『あなたは才能があるから！』って褒めてみよう」

「やさしくツヤのある声で、相手にゆっくりと伝えよう」

「じっくり話ができる休みの日に伝えよう」

そんなふうに、相手にとっての「飲みごろポイント」を考えてみるのです。


実は、これは「思いやり」。

相手に「やけど」をさせないためのステキな心配り。

パートナーになにかを伝えたいときは「飲みごろに冷ましてから、伝える」。

私のようにせっかちな人や、つい熱くなりがちな人は、特に気をつけたいことですね。


相手の言動で、あらためてほしいことを伝えるときなど、相手にとって「耳の痛い話」ほど、うまく味付けして「おいしく飲めるように工夫する」ことも大事だと思います。

例えば、相手を直接の「的」にせず、ほかの人の話として伝えて「あの人はこうだけど、それってどう思う？」と聞いてみる。

人は、自分にダメ出しをされたと思うと反発してしまいますが、他人の話として聞くと、受け取りやすくなります。

相手の心に響くように伝えることは、パートナーのことをよく理解しているあなただからできること。

相手への思いやりのある伝え方ができるといいですね。

愛の奇跡を起こす法則37

アツすぎると「伝えたいこと」もうまく伝わらない。
いったんクールダウンして
「相手の心に響く伝え方」を考える

相手の「自信回復人」になる！

以前、ある男友達がこんなことを言っていました。

「あのさあ、いくら顔がきれいでも、なんかツン！　とした態度をとったり、相手を見下すような態度をとって、相手の自信を奪うようなヤツって、絶対にモテないよな」

これって、ホントにそうだと思います。

そこからふと思い浮かんだのが、「相手の『自信回復人』になろう！」という言葉です。

仕事やなにかでうまくいかないことがあって、パートナーが打ちひしがれて家に帰ってくることってありますよね。

「もうダメかもしれない」「オレ、才能ないんじゃないかな」「なんかもう立ち直れない気がする」と、すっかり自信を失っている。

そんなときにパートナー（もしくは好きな人）から「私は、あなたって本当によくがんばっていると思うよ」とか「あなたがやっていることは必ず実を結ぶと思うよ！」とか「私にとってのナンバーワンは、あなたよ」とか、そんな言葉をかけてもらえたらすっごくうれしいし、救われますよね。

そんなふうに、落ち込んでいる相手の自信や元気を回復させて、相手の「やる気スイッチ」を押せる人。

それが「自信回復人」です。

誰よりもパートナーのことを理解し、応援していて、いつも一緒にいて相手の様子もよくわかるあなただからこそ、相手の「自信回復人」になることができる。

「私は彼の『自信回復人』になろう！」と意識して相手に接すると、二人のパートナーシップはいっそう強固になりますし、彼が自信に輝いてますます活躍し、幸せな成功者になれると思うのです。

男性にとっていちばんうれしくて喜びになることは、

「オレ、なかなかやるよな」

「オレって、すごいよな」

「オレって、特別かもしれない」

そんなふうに思えることだと聞いたことがあります。

こういう気持ちって、女性だって何度も何度も味わっていたいもの。

パートナー同士、相手にとって最高の「自信回復人」になれたら、すばらしいなと思います。


そこでちょっと考えたいのが、普段の自分の何気ないひとことが相手の自信を奪っていないか——ということです。

例えば彼が仕事で抜擢《ばってき》されたとき、「たまたま運よくあなたが選ばれただけで、ほかの人だってそれくらいできるでしょ？」と言ってしまう。

はっぱをかけるつもりで言ったとしても、そんな言い方では彼の自信を奪ってしまいます。

「あなただから、選ばれたんだよね」「あなたじゃないと務まらない役目だよね」と言えば、彼にとってはうれしいし、ますますやる気が出るはずです。

「もっとがんばってよ!」と言う代わりに、「いつも、がんばってるよね」と声をかける。

相手が珍しく家事などをやってくれたとき、「あら、ようやくやる気になったのね」なんて皮肉っぽく言うよりも、「こんなことまでしてくれて、うれしいよ。ありがとう!」「あなたって、やり方(掃除の仕方など)が上手だよね」などと、相手がそれをモリモリやりたくなっちゃうような、「やる気のスイッチを押せる」言葉や言い方を選んでほしいと思います。

また、相手がやってくれたことに対して素直に喜び、感謝することも、強力な自信回復剤です。

そんな達人だと思うのが、松本伊代《まつもといよ》さん。夫のヒロミさんが家のリフォームを手がける姿に「パパすごい！」「うれしい！」と無邪気に喜んでいる様子をテレビ番組で見て、とっても喜び上手で褒め方がうまいな、と思いました。

パートナーがなにかで打ちひしがれているときは、あなたの「愛の自信回復語録」がいちばんの薬になります。

相手を勇気づけて元気にする、あなただから言えるとっておきの自信回復フレーズをストックしておきましょう。

愛の奇跡を起こす法則38

パートナーのことをいちばん理解しているからこそ、相手を勇気づける言葉をかけられる！

パートナーから永遠に愛されるコツはあるのか？

私は以前、雑誌の編集者をしていたとき、「パートナーとますます仲がよくなる方法」や「パートナーからますます大切にされ、愛される方法」をテーマにした記事を定期的に企画していました。

というのも、その雑誌は主婦の方の読者が中心で、「最近、パートナーとケンカばかりしている」「昔のように気持ちが通じあわなくなってしまった…」というお悩みのはがきが編集部にたくさん寄せられていたからです。

その企画の担当者となった私は、夫婦問題カウンセラーや恋愛コーチなど、そのジャンルの専門家のさまざまな先生方に取材をし、お話をうかがいました。

専門家のみなさんが共通して「パートナーとの仲を良好に保ち、ずっと愛されるようになるには、これをやるといいですよ」とオススメされていたことがひとつあります。

それは「パートナーがやってくれたことに対して感謝して受け取って、素直に『ありがとう』を言うこと」。

ここで大切なのは**「余計なひとことを言わないこと！」**です。

あるご家庭で、休日の昼下がりに家族みんなで音楽を聴いていると、突然CDプレーヤーが壊れてしまったそうです。

すると、ご主人が「よ〜し、パパが直してやるぞ！」と張り切って、ドライバー片手に修理を始めました。

ところが、1時間たち、2時間たち…なかなかCDプレーヤーは直りません。

ご主人は汗をふきながら一生懸命、プレーヤーと格闘し、家族が夕食を食べ終わるころ、ようやくCDプレーヤーから音が出るようになりました。

子どもたちは「わあ、パパありがとう!!」と大喜び。そこに奥さまが言ったひとことが、コレだったのです。

「あなた、ありがとう。よくがんばったわね。でも、こんなに時間がかかるなら、電器店に行って見てもらった方が、早かったんじゃないの?」

そのひとこと以来、ご主人は1週間ほど、奥さんと口をきかなかったそうです。

パートナーとの仲をギクシャクさせているのは案外、こうした何気ない「余計なひとこと」だったりするんですよね。

パートナーはとても親しい存在ですし、なんでも気楽に話せる間柄ですから、悪気なく、思ったことをついそのまま言ってしまいがちです。

でも、相手を否定したり、相手の気分を盛り下げてしまうような「余計なひとこと」は言わない方がいい。

パートナーが一生懸命にやってくれた。その「気持ち」と「行為」に対して「ありがとう! あなたにやってもらって、よかったよ」。これだけでじゅうぶんですよね。

そんなふうに、気づいたときに感謝の気持ちをちゃんと言葉で口に出して伝えるのが、「そばにいる人」の思いやり。

サポーターとして、パートナーに対してできる最大級の「愛の表現」でもあるのです。

「ありがとう」のひとことは、パートナーシップが壊れかけたときにも有効です。

「あのときは、ありがとう」

「そばにいてくれて、ありがとう」

いまパートナーがやってくれたことに限らず、これまでのこと、当たり前と思われるようなことに対する感謝の言葉。

そのひとことで、壊れかけていた関係も修復に向かいます。

私のパートナーの西田さんによると、「パートナーシップとは『感謝を学びあう』ためにある」そうです。

彼はこの言葉を、アカシックレコード（宇宙の誕生から現在までのすべての事象や想念が記録された世界記憶）にアクセスできる僧から聞いたといいます。

そうだとしたら、「運命の人」とのパートナーシップで学んでいく、いちばん重要な「魂の課題」も、「感謝を学びあうこと」ということになりますね。

シンプルな「ありがとう」の言葉と、相手に対する感謝の気持ちを忘れないこと。

それがとっても大切だと思います。

愛の奇跡を起こす法則39

「ありがとう」のシンプルな言葉は、パートナーに対する最大級の「愛の表現」

第6章 chapter 6

どうしても聞きたい！「運命の人」にまつわる質問

質問1

相手もきっと私のことを好きなはず。でも恋人やパートナーだと言われたことはありません

回答1

「あの人、私のこと好きかもしれない症候群」かもしれません。

今、私は、「運命の人」や「パートナーシップ」をテーマに、全国で講演会を開催させていただいています。その講演会で、とても多い質問がこちらです。

「いまワタシ、好きな人がいるんです」。誰かを好きになることって、本当にすばらしいことだと思います。

「その相手の人もたぶん私のことが好きみたいなんです」

たぶん、その予感はまちがっていなくて、相手の方はあなたに対して「好感」は持っていると思います。

ただし、「好感」という言葉には、いろいろな種類がありまして、相手の人はあなたに対して、以下のような思いを持っている可能性があります。

★ずっと自分のことを好きでいてほしい
★ずっと自分のファンでいてほしい
★ずっと自分のことを応援してほしい
★ずっと一緒に仕事をしていきたい（要はビジネスパートナー）
★自分にとって「都合のいい付き合い相手」でいてほしい（要はカラダの関係だったり、自分は結婚していて別れる気はないけど、ちょっとつきあってみたい）

このような「好感」を持っているのかもしれないのです。

そして、ここからがポイントなんですが、「もしかしてあの人、私のこと好きかも」という期待をふくらませて「あの人は、きっとそのうち彼女（パートナー）にしてくれるかもしれない」と思い込んでいると、この「症候群」の非常に「ややこしい罠《わな》」にひっかかって、そこから何年も抜けられなくなってしまうことがある。

あなたに「本命のパートナー」がいた場合、その「本命のパートナー」と出逢うチャンスものがしてしまうことって、あるんですよね。

この一連の現象を…**「あの人、私のこと、好きかもしれない症候群」**と呼ぶことにしました。（ちょっと長いので「症候群」と省略させていただきます）

憧れている人やファンが多い人、モテる人からちょっとやさしい言葉をかけてもらうと「もしかして、私のこと、好きなのかも…」と思ってしまうことって、ありますよね？　私もありました…（笑）。

そうやって思ってしまう心理の奥には、「そうであってほしい！」「私は大勢の中から、選ばれた存在になりたい」「すごい人に愛されることで自分の価値を高めたい」というような願いが込められていることがあります。

「そうであってほしい」という気持ちが強くなればなるほど、だんだんと「そうかもしれない」「これは現実になるかもしれない」という思い込みに変わってくることがあります。もしくは相手の人に「やさしくされたこと」や「言われてうれしかったこと」をかき集めてきて、それを友人に話して、「わあ、きっと○○ちゃんのこと、好きなんだよ！」って言われている瞬間がたまらなくうれしくて、うっとりしてしまう。（実際にそう思うことで「女性ホルモン」がアップしたり、日々の生活が楽しくなる、仕事にやる気が出るなどのメリットもあります）

しかし、その「相手は自分のこと、好きかもしれない！」という妄想にハマりすぎてしまうと、心の中は「そのこと」でいっぱいになってしまうことがあります。

それで心の中に「他の人を招き入れるスペース」がなくなってしまうことがある。その上で好きな相手が「別の女性」を大切にしているところを見たり聞いたりすると、激しいショックを受けたり、どうしたらいいのかわからなくなったり…。「それでも、やっぱりあの人がいちばん好きなのは私なんだ！」と思い込もうとしてしまう。スピリチュアルな鑑定や「見える人」に依存して助けを見出そうとしてしまう。それって、とてもとても苦しいことなんですよね。私もこの「症候群」にかかっていた時期があるので、よくわかります。

この「症候群」にかかっている場合、そこから解き放たれる「魔法の言葉」は…

「自分を大切にする」

このひとことに尽きるんです。

「自分を大切にする」ということは「自分を大切にしてくれる人と付きあう」「自分を大切にしてくれる人を好きになる」ということでもあります。

片思いや友達以上恋人未満、不倫や「セカンド彼女」「大勢の彼女の中のひとり」など「あの人、私のこと、好きかもしれない症候群」にハマッている場合、「その恋は本当に自分を大切にしていますか？」という視点で見直すと「答え」が見えてくることがあります。

「好きかもしれない」と「本当に好きでパートナーにしたい」は違うのです。

「本当に好きでパートナーにしたい」と相手が思っているのなら…

①お互いを「パートナー」だと確認しあっている

②二人の関係をオープンにしている

この2つのことがOKになっているはずです。

そしてこの「症候群」にかかってしまった人は、なぜか「相手にきちんと告白したり、自分の気持ちを伝えることを避ける」という傾向にあるように思います。

なぜなら、その人の魂のどこかで「きちんと告白したら、断られるかもしれない」ということがわかっているのかもしれません。

だから「もうちょっと時間をかける」「ねばってみる」「あきらめないで好きでいる」という対策に出るのですよね。

誰かを好きになることは、すばらしいことです。でも、自分の心が「本当のパートナーがほしい！」と望む時期がきているのなら、この「症候群」のことは知っておいたほうがいいでしょう。

実はいま私の周りで続々と「パートナーができた！」という人が出てきているのですが、この「症候群」から抜け出した人に「本当のパートナー」との出逢いが訪れる流れになっているようなのです。

私の過去の恋愛をふりかえってみても、この「症候群」を経験して、そこから抜けようとしたときに、いまのパートナーと出逢う流れになっています。

「ニセ運命の人がいる」という話がありますが（123ページ参照）、この「症候群」は、「ニセ運命の人の変形バージョン」といいましょうか…非常に意味あい的に近いものがあると思います。

その人と出逢ったことも意味があって「あなたの魂を練り上げたり、あなたのなにかに気づきや革命を起こすために現れた人」ともいえますね。

そういう意味では相手と出逢ったことに大感謝です。

もし、心当たりがあるとしたら、ここからどうするかは、あなたの「本当の気持ち」を聞いてそれに従っていきましょう。

キーワードは…**「自分を大切にする」**。

これを忘れないでくださいね。

質問2

「見える人」に言われたことがとても気になります。

回答2

大切なのは「自分の本当の気持ち」です。

最近、知人からこんな質問をもらいました。

「私はいまのパートナーから卒業したいと思っているのですが、いわゆる『見える人』から『前世であなたと彼はものすごく深いかかわりがあったんですよ』と言われたんです。そんなに深いご縁があるのなら、彼がなにをしても許してあげて彼に負けてあげて、これからも彼に尽くしていくのが私の役割なんでしょうか？」

また、別の知人からはこんな質問をもらいました。

「私は好きな人がいるんですけれど、ある占いの人から『その人とはあまり結婚には向いていませんよ』と言われたんです。それが気になっていてもうお付き合いするのはやめたほうがいいんでしょうか？」

どちらのケースのお話を聞いたときも

「それで、あなたの『本当の気持ち』はどうなんでしょうか？」

ということを、私は一番お聞きしたいんですよね。

この世には、直感がするどかったり、霊感があったり、なにかが見える人っていらっしゃると思うんです。そういう方があなたにアドバイスをしてくれて「やっぱりそうなんだ！　私もそう思っていました」と腑《ふ》に落ちることってありますよね。

でも、その反対にその人がアドバイスしてくれたことに対して…「ええ〜、そうなのかな。私はちょっとピンとこないな」「いまの流れだったらそうなっちゃうのかもしれないけれど私はそうなるのはイヤだな」というふうに、自分の「本当の気持ち」が異を唱えるケースだってあると思うんです。

いつでも一番大切なのはあなたの「本当の気持ち」です。

「見える人」の意見やアドバイスはひとつの指針です。それを聞いて「私もやっぱりそう思う！」と思うか、「いやいや、私の本当の気持ちはそうじゃない」と思うか、ひとつの「参考意見」としてそのアドバイスをいただくのです。

128ページにでてくるエピソードのように「見える人」が運命の人にまつわる良いヒントを与えてくれる場合もあります。そのときに自分の心がワクワクするような感覚になったらそれを取り入れていけば良いでしょう。しかし、「見える人」に言われたことで、自分の心が、あっちにいったり、こっちにいったり…。本当はつらいのに、ムリをして、がんばってみたり…。「こうなってくれたらいいな」という期待と「いまはやっぱりむずかしいな」という「現実」とのはざまで…迷って迷って、グルグル流されちゃう。

こんなふうに「見える人」の意見に必要以上にふりまわされてしまうことを**「見える人問題」**と呼んでいるんです。

実は私もある「見える人」から「陽子さんは本当に心を許して付き合っていけるパートナーは65歳まで出てこないでしょう」って言われたことがあるんですね。「それまでいろんな男性と単発的にお付き合いをしながら…そのことを『本を書くエネルギー』や『作品の内容』に変えていくでしょう」と。

私は正直、ショックでした。「えーっ、65歳まで、本当に心を許せるパートナーは出てこないの!!」ってガクゼンとしたんですよね。

それで、私は自分の「本当の気持ち」に聞いてみることにしたんです。

「こういう話を聞いたけど…私は本当はどうしたいの？」

そしたら…「私はやっぱり、もっと早くに心を許せる大切なパートナーがほしい！」というのが「本当の気持ち」でした。そのことがわかったとき、私は自分の「本当の気持ち」に従うことに決めました。そうやって私が決めた瞬間、現実のほうでも「運命の人」と出逢わせてくれるような流れに入っていったのです。

65歳を待たずに「心を許せる大切なパートナー」が見つかったこと、本当にありがたいと思いますし、自分の「本当の気持ち」に従って良かった！　といま心から思っています。

ある成功者の人から聞いたのですが**「神さまや宇宙は『見える人』に頼りすぎることをイヤがる」**のだそうです。

本当に困ったときや、どうしたらいいかわからないとき、「見える人」は自分には見えていない未来や「どうしてこのことが起こっているのか？」という意味や理由を教えてくれます。

あなたがそのメッセージを元に「きっと良くなる！」と信じて行動することによって、そのメッセージがあなたを「悩みの沼」から引き揚げる「指針」となることがあります。

もちろん信じるだけでなく、「実際の行動」をしなければなりませんよね。この世には「愛のあるメッセージ」を伝えてくれてあなたが幸せになることをサポートしてくれる人がいることも私は知っています。でも「見える人に頼りすぎない」ということだけは、どうか覚えておいてください。

もういちど言いますが、いつでも一番大切なのはあなたの「本当の気持ち」です。

質問3

「ニセ運命の人」がいるって本当ですか？

回答3　「ニセ運命の人」と呼ばれる人について私が思うこと

誰かを好きになるたびに「ああ、この人は特別な人だ！　きっと私の運命の人だわ」と思ってしまうことってありますよね。

私の場合も、いまのパートナーと出逢う前に、何人かの男性とお付き合いしましたが、その中で「この人、きっと私の『運命の人』なんじゃないかな!?」と思った人が何人かいます。いまのパートナーが、この項目を読むと少々ショックかもしれませんが、やはり正直に書かねばなりません（笑）。

いま思い返してみると、

①「そのときの私には、とても必要な存在だった」

②「いまの私になる、きっかけを作ってくれた」

③「私の魂を大きく成長させてくれた」

この3点が思いつきます。そして、不思議なことに、その人（「ニセ運命の人」と呼んでもいいかしら？）と出逢ったからこそ、「いまのパートナーとの出逢い（再会）」につながっているということです。

「運命の人」と出逢うあなたのシナリオは生まれる前に自分で決めてきていることもありますが、そこには「宇宙の法則」（プログラム）が働いていて、細かいところまでシナリオが行き届いているので、「なくてもよかった出来事」というのはひとつもないんですね。

たとえ、手ひどくふった相手でも、突然、ラインを「既読スルー」するようになった相手でも、ひどい裏切りをした相手でも、

「そのときの私の魂の成長のために必要だった」。

いま私はそのことがおぼろげにわかってきました。当時はそんなに物分かりがいいオンナではないので、相手に対して怒ったり、泣いたり、「絶対にゆるさない！」なんて思ったこともありましたが…。

「ニセ運命の人」という存在がいるとするならば、それは「運命の人」と出逢いその後の人生を、ひびきあい、わかちあい、助けあって生きていくために「必要な存在」だったのです。

ここで大きなポイントになるのは、「『運命の人』と『ニセ運命の人』との見分け方」ですよね。例えばルックスで言うと「『運命の人』より『ニセ運命の人』のほうがタイプだった！」ということを言う人がけっこういます。

また「その人をひと目みたとき、ビビビと電流が走った」「なんだか、気になってしょうがない存在だった」というように、第一印象も「運命の人」を思わせるような「しかけ」を持ってあなたの前に現れるのです。

肉体関係を持った後も、その関係におぼれてしまったり、「なんどもやめようと思ったけど、なかなか卒業できない」「すごく良い部分もあるけど、ものすごくイヤなこともある」など、「運命の人」を思わせるような、あなたを混乱させる要素もいろいろ持っているかもしれません。

「では、どうやって『ニセ運命の人』と『運命の人』と見分けたらいいの？」って、思いますよね。私が思うに、

①「相手にあわせるために自分の中になんらかのムリが出てくること」

②「そのムリがだんだん大きくなっていくこと」

これが「ニセ運命の人」だとわかる決定的なポイントだと思っています。

「ニセ運命の人」の場合、自分でも心のどこかで「この人と成就する（添い遂げる）のはムリなんじゃないのかな…」ってわかっているんですよね。

それから「相手と自分は精神レベルがかみあっていない」ということもなんとな～くわかる。だからこそムリにでもがんばろうとしてしまう。

なんとかして相手との関係を成就させようといつも、あの手、この手を考える。強く惹かれていくがゆえに相手をなんとかコントロールしようとする。

でもね…「運命の人」の場合、ムリがいらないんです。あの手、この手など、策を考えなくてもいい。宇宙のほうで「シンクロ」をたくさん作ってあなたと相手を結び付けてくれる。そして「ありのまま」のあなたであればあるほど「運命の人」との間

がスムーズに運んでしまうのです。

「ニセ運命の人」との間には必ず「卒業」があります。それは「本物の運命の人」と出逢うための準備やレッスンだったから。

「運命の人」と出逢うにはある程度、いろいろなことを乗り越えて魂を練り上げておかねばなりません。その「練り上げるための相手」が「ニセ運命の人」と呼ばれる人だったのです。また「ニセ運命の人」と出逢うことは「運命の人」が出てくる前兆でもあります。あなたの「運命の人」は「ニセ運命の人」の後に出逢うようシナリオが書かれていることが多々あります。

この文章を読んで「あ、『ニセ運命の人』って、あの人だ！」とピン！ときた人がいるかもしれませんね。あなたがピン！ときたのならその人は、きっとそうだったと思います。でも、なんらかの大切な意味があって、あなたと出逢っていたのです。

その人がいたからこそ…あなたは本物の「運命の人」と出逢うことになるのです。そう思うと「ニセ運命の人」を今生で演じてくれた相手に感謝したくなりますよね。

1
お互い魂を成長させて、両方の「運命の準備」が整ったときに「その流れ」は動き出す！

2
「運命の人」は「魂の響きあい」ができる相手！

3
「運命の人」と出逢うと外見、内面に大きな変化が起こる！

4
「運命の人」と出逢うと周囲のやること、なすことが「二人を結び付けようとしている流れ」になる！

5
「運命の人」と出逢ったときに感じるのは「包み込まれるような安心感」！

6
「運命の人」と出逢うと「この人、知っている！」という不思議な感覚がする！

7

「運命の人」のサインとして、その人が作った作品や文章に触れたとき心が大きく揺さぶられる！

8

運命の相手の中に「自分とは正反対の部分」があるとしたらその部分があなたのバランスをとってくれている！

9

魂が成長しあえるパートナーを選べば「飽きる」ということがない！

10

「私は仕事もパートナーシップも両方受け取ります！」この言葉で潜在意識を塗り替えよう！

11

パートナーシップに対する警戒心が「運命の人との出逢い」を止めていることに気が付こう！

12　「本当の気持ち」を何度も口に出して宇宙に宣言し、それが現実になるようにお願いしていこう！

13　パートナーシップの「自虐ネタ」で笑いをとろうとしなくてもいい！

14　あなたの魅力を引き立たせる「女性性の高い服」を着てみよう！

15　自分らしく表現していると「運命の人」は引き寄せられてくる！

16　「対等な関係」が築けるからパートナーになれる！

17　パートナーシップで「自分を大切にすること」を最優先しよう！

18
なぜか印象に残る人がいる！　これは宇宙からの「パートナーにまつわる大切な情報」

19
運命の人と一緒にいて「どんな気持ちになりたいのか？」を宇宙にオーダーする

20
いちばん大切な人のための「スペース」を空けよう！

21
運命のパートナーとの暮らしをあらかじめお祝いして準備をすると現実があとからついてくる！

22
あなたが本当の気持ちに素直になった時、目の前に「運命の人」が現れる

23
あなたをフッた相手は「運命の人」との出逢いのためにいなくなってくれた！

24　あなたが試練を乗り越えて一歩踏み出したときに「運命の人」と出逢う！

25　「この人が運命の人だ！」とわからせる情報は周りの「あらゆるもの」を通して入ってくる！

26　「ご縁つなぎ」を果たしてくれる人は「運命の人」と出逢う流れを作ってくれる「期間限定プレゼント」

27　あなたの魂は宇宙からの情報を「先取り」して合図を送ってくる

28　宇宙は「偶然」「たまたま」というかたちを借りてあなたと「運命の人」を引き逢わせる！

29
「運命の人」は、普通の恋愛とは好きになるポイントや一緒にいるときの感覚が違う

30
「運命の人」だけが、誰も開けられなかったあなたの「使命の扉」を開けてくれる

31
「魂の課題」をいくつか乗り越えたとき「運命の人」と出逢う!

32
人生において天敵ともいえる存在が「運命の人」との結びつきをサポートしてくれることがある!

33
「運を上げるコツ」を知ったらパートナーにも伝えて、二人で運気を上げていこう!

34 イライラしそうになったら「彼はいま、この瞬間も私のためにベストを尽くしてくれている！」とつぶやいてみよう！

35 心が疲れたり磨り減ったりしたときは、「運命の人」と一緒に過ごす「心の充電タイム」を作ろう

36 自分の「女性性」「男性性」を大切にする人は「色気」や魅力が出て、パートナーとの仲も長続きする

37 アツすぎると「伝えたいこと」も伝わらない。いったんクールダウンして「相手の心に響く伝え方」を考える

38

パートナーのことをいちばん理解しているからこそ、相手を勇気づける言葉をかけられる!

39

「ありがとう」のシンプルな言葉は、パートナーに対する最大級の「愛の表現」

おわりに

あなたの魂は「あなたの運命の人」を知っている！

Conclusion

エッセイストとして独立してからというもの、私はとにかく「新しい仕事」を軌道にのせたくて、無我夢中で走り続けてきたようにも思います。

エッセイストとして独立して2年が経ったとき、「誰かのことを愛したい」「誰かに愛されたい」「ありのままの自分で一緒にいられる人がほしい」「私が一番大切にしているものと、同じものを大切にしている人と人生を歩みたい」「誰かと一緒に共同創造がしたい」…そんな気持ちがつきあげてきました。

そして宇宙に宣言したのです。

「私は残りの人生をかけて、ひとりの人と愛し愛される関係を作ります！」

この言葉を毎日ノートに書いたり、口に出してつぶやくことを繰り返しました。

宇宙に私の宣言が確実に届くまで続けようと思いました。

これはまるでお遊びのように見えるかもしれません。

「まさか、そんなことで『運命の人』に出逢えるはずがない！」と思う人がいるかもしれませんね。

でも、私はある「宇宙の法則」を知っていたのです。

それは**「覚悟の法則」**と私が呼んでいるものです。

「人は自分の心の中で覚悟を決めてしまうと、決めたことに向かって、びっくりするようなカタチで現実が動いてしまう」

この「覚悟の法則」どおり、私が「宇宙に宣言」をはじめてからというもの、私の中で変化が起きてきました。

私はある男性のことが日に日に気になってくるようになったのです。

それがいまの私のパートナー、西田普さんです。

いまふりかえってみて、この「覚悟の法則」はまちがいなく働いていると思います。


この本の最後に私があなたにお伝えしたいのは**「あなたの魂は『運命の人』を知っている！」**ということです。

いま、この本を読み終わって、「あの人がなんだか気になるなあ…」という人がいるかもしれません。

もしくは「あの場所がなんだか気になるなあ…」という風景があるかもしれません。

もしくは「あそこに行ってみたいなあ…」と思い浮かぶセミナーや習い事があるかもしれません。

そんなふうに、なにか心にひっかかるものを大切にしてください。

あなたが「なんだか気になる」というものは、これからのあなたの人生にとって必ず意味のあるものです。

特に、この本を読み終わった直後にあなたの心に何度も浮かんでくるものは、あなたの「運命の人」に関連するものの可能性が高いでしょう。

あなたの心に「そのこと」が浮かんできたとき、最初はその理由がわからないかもしれません。

例えば、「なんだかこの人が気になるなあ…」という人がいた場合、相手の人はそのときは別のパートナーがいたり、あなたとお付き合いできないような状態にあるかもしれません。

しかし「気になる」ということは「今後なにかでご縁がある！」ということなのです。その人とは男女のパートナーではなく、お仕事やライフワークで助けあい、影響を与えあう関係になるのかもしれません。

また、あなたに「運命の人」を紹介してくれる人なのかもしれません。もしくは何か月後か何年後かに再会したとき、お互いにいくつかの恋を経験して魂が成長し、二人の準備が整っているかもしれません。

そのときに絶妙なタイミングでもういちどあなたの前に宇宙がその人を運んでくるかもしれません。

とにかく「なぜか気になる」ということを大切にしてください。

「予知」とは「あらかじめ知っている」ということです。

「とくに理由がないけれどなんとなくそう感じる」「なんどもなんどもその人の名前があがってくる」「どうしてだかわからないけれどあの人のことが気になる」……あなたがそんなふうに思ったとき、あなたの魂は宇宙からの情報を「先取り」しています。

あなたの魂は「あなたの運命の人」を知っています。
あなたの魂はあなたがどうすれば幸せになるかを知っています。
あなたの魂はあなたが誰とつながるとあなたの使命が果たせるかを知っています。

だからこそ、「直感」＝「なぜか気になる」という合図をあなたに何度も何度も送ってくるのです。

そのことをこの本の最後にどうしてもお伝えしたくて、あらためて書きました。

この本の編集を担当し、私の人生のパートナーでもある西田普さんに感謝の気持ちでいっぱいです。

西田さん、私と出逢ってくれてありがとう！　あなたがいたから、この本を書くことができました。

「運命の人」との出逢いほど、自分の中に眠っている「愛のチカラ」をよみがえらせるものはありません。

「運命の人」と出逢うことで、あなたの「使命の扉」が開くのです。

その「奇跡の瞬間」は、すぐそこまで来ています。

あなたが「運命の人」と出逢い、愛し愛される人生を歩むことを私はいつも応援しています。

今日もありがとう。いつもありがとう。

田宮陽子

田宮陽子 たみやようこ

雑誌・書籍の編集者時代、1000人を超える「成功者」を取材。その後、斎藤一人氏の本の編集協力を経て、エッセイストとして独立。毎日更新しているブログが1日平均27万アクセスを集め、アメーバ人気ブログランキング「占い・スピリチュアル部門」で1位を獲得。著書に『見た目を磨くとすべてがうまくいく!』(永岡書店)、『なぜか神様が味方する　すごい!金運の引き寄せ方』(PHP研究所)などがある。

ブログ「晴れになっても雨になっても光あふれる女性でいよう!」
https://ameblo.jp/tsumakiyoko/

田宮陽子　運命の人

あなたに「愛の奇跡」を起こす本

著者　田宮陽子
編集　西田普(株式会社光出版)
発行者　室橋一彦
発行所　株式会社マキノ出版
〒113-8560　文京区湯島2-31-8
編集　03-3818-5098　営業制作　03-3815-2981
デザイン　bookwall
イラスト　樋口たつの

Printed in japan

ISBN978-4-8376-7289-0